Regula Zwicky

Die Signaturen des Lebens

Regula Zwicky

Die Signaturen des Lebens

Alles geschieht
zur rechten Zeit

Deutsche Originalausgabe:

Voglherd 1 • 85567 Grafing
www.aquamarin-verlag.de

Umschlaggestaltung: Annette Wagner

Druck: CPI • Birkach

ISBN 978-3-89427-894-6

Inhalt

Natur ist glücklich. Doch in uns begegnen
Sich zu viele Kräfte, die sich wirr bestreiten:
Wer hat ein Frühjahr innen zu bereiten?
Wer weiß zu scheinen? Wer vermag zu regnen?

Wem geht ein Wind durchs Herz, unwidersprechlich?
Wer fasst in sich der Vogelflüge Raum?
Wer ist zugleich so biegsam und gebrechlich
Wie jeder Zweig an einem Baum?

Wer stürzt wie Wasser über seine Neigung?
Ins unbekannte Glück so rein, so reg?
Und wer nimmt still und ohne Stolz die Steigung
Und hält sich oben wie ein Wiesenweg?

Rainer Maria Rilke, 1919

Vorwort

Hinter der göttlichen Schöpfung muss ein großartiger Baumeister gewirkt haben. Menschen, Tiere, Pflanzen und Mineralien sind faszinierende Wunderwerke. Die schöpferische Handschrift hat fantastische Naturlandschaften, farbenfrohe Blumengärten, eine fantasievolle Tierwelt und nicht zuletzt den Menschen vollkommen gestaltet.

Die Zeichen und Ausdrucksformen der Schöpfung haben Menschen immer fasziniert. Die frühe Menschheit sah in den Naturformen den Ausdruck und die Anwesenheit der Götter. Der Natur, den Tieren und Pflanzen wurden Respekt und Verehrung zuteil. Die Schönheit und das Wesen der Natur sind seit jeher Quelle der Inspiration für Musik, Kunst und Literatur.

Wenn man sich mit der Pflanzenheilkunde beschäftigt, kommt man nicht umhin, sich einerseits mit der Schöpfung, die allem zugrunde liegt, andererseits aber auch mit der Psyche des Menschen zu befassen. Beispielhafte Persönlichkeiten, die eine ganzheitliche Pflanzenheilkunde lehren, sind zweifelsohne Paracelsus, der Engländer Dr. Edward Bach, aber auch der Schweizer Biochemiker Roger Kalbermatten. Paracelsus ist wohl der bekannteste

Begründer der Signaturen-Lehre. Bei Carl Gustav Jung sind es die *Archetypen*, die unsere Psyche beeinflussen, beim Psychiater Roberto Assagioli die *Teilpersönlichkeiten*.

Der britische Biologe Rupert Sheldrake stellte 1981 die Hypothese des *morphischen Feldes* auf, das hinter jeder Form und sogar hinter den Naturgesetzen stehen soll. Dieses Feld ist, nach Sheldrake, die Ursache für die Formenbildung und die Entwicklung von Strukturen in der Biologie, der Physik, der Chemie, aber auch in der Gesellschaft.

Schon als junge Frau auf meinen Reisen nach Asien hat mich das Gebiet des Heilens und der Geistheilung, bis hin zur Aura-Chirurgie und der Welt der Paranormologie, fasziniert. Durch meine langjährige psychotherapeutische Arbeit durfte ich Zeugin von wundervollen Seelen-Entwicklungen und Heilungen sein.

Mein Einstieg in das Geheimnis, welches hinter den sichtbaren Dingen liegt, wurde durch die gut zu erfassende Signaturen-Lehre der Pflanzen-Heilkunde geprägt. Pflanzen waren schon immer meine Lieblinge. Beim Schreiben dieses Buches stellte sich mir die Frage: Wo beginnen die Signaturen, die formgebenden Kräfte? Dies führte mich zu der Auseinandersetzung mit den Schöpfungslehren und somit in Bereiche, wo viele Fragen unbeantwortet bleiben. Vielleicht braucht der Mensch diese offenen Fragen in jener Welt, die über das Feinstoffliche hinausgeht. Vielleicht muss es so sein, um die Beschäftigung mit der Philosophie und der Suche nach dem Sinn und dem Ursprung des Daseins am Leben zu halten.

Betrachtungen zur Signaturen-Lehre, in Verbindung mit der Pflanzenheilkunde, der Philosophie und der Psychologie, sind Schwerpunkte dieses Buches. Bei der Beschäftigung mit diesen interessanten Themen tauchten weitere Fragen auf:

Haben wir einen freien Willen, um unser Leben, unsere Gesundheit zu gestalten und zu beeinflussen? Wenn ja, wie beeinflussen wir unseren Körper und unser Leben positiv?

Genügt eine tiefe innere Verbundenheit mit unserem Selbst und mit der Natur, um gesund zu bleiben?

Wie viel Wissen über die Naturgesetze, inklusive der Heilungsgesetze und der eigenen menschlichen Psyche, braucht der Mensch?

Daher möchte ich gleich zu Beginn die folgende These aufstellen: Die Schöpfung hält, in ihrer absoluten Vollkommenheit, immer die notwendigen Heilmittel bereit. Eine ganzheitliche Schöpfung verfügt über ein ihr innewohnendes Auto-Korrekturprogramm. Beim Menschen sind dies die Selbstheilungskräfte seines Körpers und die Bewusstwerdung seiner Seele und seines Geistes.

Kreuzlingen, 17. März 2021

I.

Am Anfang war das Wort – Die Signatur der Schöpfung

Wie an dem Tag, der dich der Welt verliehen,
Die Sonne stand zum Gruße der Planeten.
Bist also bald und fort und fort gediehen,
Nach dem Gesetz, wonach du angetreten.
So musst du sein, dir kannst du nicht entfliehen.
So sagten schon Sibyllen, so Propheten.
Und keine Zeit und keine Macht zerstückelt
Geprägte Form, die lebend sich entwickelt.

Johann Wolfgang von Goethe
1820, **Urworte. Orphisch.** Hefte zur Morphologie

a. Die kabbalistische Erscheinung des Göttlichen

„Am Anfang war das Wort und das Wort war bei Gott und Gott war das Wort. Dasselbe war im Anfang bei Gott. Alle Dinge sind durch dasselbe gemacht und ohne dasselbe ist nichts gemacht, was gemacht ist. In ihm war das Leben, und das Leben war das Licht der Menschen."

Im Johannes-Evangelium ruft nach der damaligen jüdischen Auffassung das erschaffende Wort etwas bis dahin *Ungeschaffenes* ins Leben. Bei den Christen kommt Jesus Christus, der Lichtbringer, als der „Sohn Gottes" zur Welt. Die Erlösung der Menschen findet durch sein Wirken und seinen Tod statt.

Nach der Schöpfungslehre der jüdischen Kabbala sind wir Menschen als *göttliche Schöpfungsteile* in die Verdichtung der Welt *hinuntergefallen.*

Nach Rabbi Adin Steinsaltz (1937-2020) kann das Göttliche vom Menschen nicht benannt oder gemessen und auch nicht erfasst werden. „Gott ist die Wesenheit des Gott-in-sich-selbst."

„Wenn wir vom Unendlichen sprechen, gepriesen sei Er, dann meinen wir das Äußerste an Vollkommenheit und Ungegenständlichkeit, das, was alles einschließt und jenseits aller möglichen Grenzen ist." „Wie er nicht Stoff ist, so ist er nicht Geist." *

„Sein Erschaffen ist nicht Formgebung von Etwas aus Nichts, sondern OFFENBARUNG." „Schöpfung ist ein Ausströmen aus dem göttlichen Licht heraus." **

Weiter fährt Rabbi Steinsaltz fort, dass sich das Göttliche aus der Welt zurückziehen muss, dass Er sein Licht zurückhält, soweit wie nötig, damit die Welt bestehen kann. Innerhalb des göttlichen Lichtes könne nichts sein eigenes Dasein aufrechterhalten.***

Die Welt ist von der göttlichen Macht geformt und aufrechterhalten. Die Erscheinungen in der Welt sind durch die Urkräfte, die zehn *Sefirot*, hervorgerufen. Der *Unbenennbare* wirkt durch

---

* Adin Steinsaltz, Die dreizehnblättrige Rose, Amerang 2011, S. 43

** Ebd., S. 44

*** Ebd., S. 45

die *Sefirot*, ähnlich wie die Seele sich durch den Körper ausdrückt. Alles, was auf der Erde ist, ist organisierte Natur. Die Natur ist geschöpft durch die Urkräfte, als nicht messbarer Ausdruck Gottes. Diese Urkräfte schöpfen in ihrer Verdichtung hochkomplexe Organismen, deren Formen Informationsträger des Göttlichen sind.*

Der Mikrokosmos (die Erde) ist das Abbild des Makrokosmos (Gott und die Urkräfte). Rabbi Steinsaltz führt weiter aus: „Die Schöpfung ist nun aber keine Einbahnstraße, der Mensch hat in seinem Tun und Handeln (Mizwot) wirkenden Einfluss nach oben und unten. Er kann die Schöpfung stören oder im Einklang mit ihr leben."**

Der Mensch kann, als Körper-Seele-Geist-Einheit, unabhängig entscheiden, wo er sich im ganzen Gefüge bewegen will. Mit seiner Lobpreisung, durch das Gebet, hält er die Urkräfte am Fließen. Der kabbalistische Erlösungsweg führt über Erkenntnis, Ehrung und Achtsamkeit. Essenziell ist für Martin Buber (1878-1965) die Ehrung der göttlichen Offenbarung in allem, was ist. »Gott wohnt, wo man ihn einlässt!" „In allem schwingen göttliche Funken, die vom Menschen erlöst werden wollen."***

* Ebd., S. 46

** Ebd., S. 48

*** Johannes Clausner, Martin Buber, Amerang 2020, S. 29, 132

b. Die theosophische, esoterische Schöpfungsgeschichte

Die Theosophie wendet sich in der Frühphase vom christlichen Erlösungsgedanken ab und nähert sich dem vedischen Gedankengut an. Der individuelle Weg ruft hier zur Eigenverantwortung auf und zum Erlangen von Freiheit und Erleuchtung durch persönliche Bemühungen. Christus wird nicht als der Sünden-Erlöser gesehen, sondern er ist als erleuchtete Wesenheit eher Vorbild.

Die Ausgangslage ist hier die feinstoffliche, spirituelle Welt, Geist genannt, und im Gegensatz dazu die materielle, physische Welt. Der Mensch steigt in seiner Entwicklung in den Körper, in die Materie, hinab, behält aber den göttlichen Funken in sich. Durch Bemühung um die Entwicklung seines Geistes und das Nicht-Hinneigen zum *Ahrimanischen** hat er die Möglichkeit, wieder ins Licht aufzusteigen.

Durch eigene geistige Bemühung ist eine Befreiung aus dem karmischen Rad der Wiedergeburt möglich. Der Ausstieg aus dem ständigen Wandern, aus dem *Samsara*, dem Kreislauf der Wiedergeburt, wird durch Loslassen von allen Bindungen, Begierden und Wünschen und durch persönliches geistiges Wachstum erreicht. Jeder Mensch hat ein individuelles *Dharma*, das es zu verwirklichen gilt.

Nach der vedischen Auffassung unterliegt das, was wir mit unseren normalen Sinnen wahrnehmen, der Täuschung. Diese Täu-

---

* Rudolf Steiner (1861-1925) spricht von Ahriman als dem Fürsten der Finsternis, der den Menschen in die Materie zieht und Geistiges verhindert. Als Gegenpol steht Luzifer, der Lichtträger und Verführer, der über die Gefühle den Astralleib des Menschen besetzt.

schung *(Maya)* ist die Kraft des Scheins. Durch den Yoga-Weg und die Meditation werden die höheren Sinne entwickelt, bis die Wahrheit hinter allen Dingen allmählich sichtbar wird. Das geistige Wirken zeigt sich hinter allem, was ist.

Auf diesem Weg erlangen wir durch stetiges Entwickeln unseres Geistes und das Erkennen, dass alles beseelt ist, die ewige Weisheit.

Die letzte Wahrheit der Schöpfungsgeschichte kann man nur auf eine nicht intellektuelle, rein intuitive Art und Weise wahrnehmen.

c. Das Reich der Engel

Auch wenn der menschliche Geist das Göttliche und seine allumfassende Liebe nicht zu erfassen oder zu beschreiben vermag, so kann er doch das Wirken der ursprünglichen Urkräfte zu erahnen beginnen. Diese Kräfte beeinflussen die Signaturen aller Dinge auf unserem Planeten.

Dionysius Areopagita (5. Jh.) prägte mit seiner Engel-Lehre nicht nur die frühe Christenheit, sondern auch die *christliche Theosophie.* Er lehrte insgesamt drei Triaden mit jeweils drei himmlischen Wesenheiten.

Die höchsten Himmelsscharen, die 1. Triade, sind die Seraphim, die Wesenheiten *des Feuer Entflammens*; die Cherubim, die *Verbreiter der Erkenntnis*, und die *Ergießer der Weisheit*, die Throne.

Diese *Höchsten* und *Reinsten* sind ganz nahe bei Gott. Sie beeinflussen mit ihrer göttlichen Liebesglut die nachfolgenden Hierarchien. Sie können niemals absinken in ihrem gottähnlichen Sein. „Sie schauen jene Urschönheit, welche selbst das Schöne schafft und vor allen Wesen ist.“ Diese oberste Triade sendet ihre unermessliche Energie hinab zu den „äußersten Dingen dieser Erde. Somit wiederholt sich diese Ein- und Dreiheit in ihnen allen – Ursprung aller Ursprünge, Urgrund aller bestehenden Dinge – und hält alles in ihrer unbezwingbaren Umschließung zusammen.“*

So wird das verborgene Licht Gottes von Engel-Triade zu Engel-Triade weitergegeben. Einer Einweihung gleich, übernehmen die Engel der nächsten Stufe das erleuchtende Licht und reichen es weiter bis zu den Menschen.

Mit den Engeln der dritten Triade vermögen wir das zu erfassen, was wir als *Signatur der Erde* und ihrer Lebewesen bezeichnen können. Die für uns sichtbar und fühlbar gewordenen fünf Elemente sind hier durch die *heiligen Erzengel* vertreten. Die Erzengel stehen in der Mitte der Gemeinschaft der *heiligen Fürstentümer* und der *heiligen Engel.* Diese Engelscharen sind für uns sicht- und fassbarer und stehen dem Menschen nahe.

Zusammenfassend bemerken wir, dass das *Obere* immer das *Untere* prägt, das Feinstoffliche immer das Grobstoffliche – und nicht umgekehrt. Das Durchlichtete erhellt das Dunkle. Dies führt uns zur Pflanzenheilkunde, wo die heilenden Pflanzen mit ihren lichtvollen Ätherkräften in der Ordnung höher stehen als die Krankheiten unseres physischen Körpers. Sie vermögen es somit, den

* Dionysius Areopagita, *Die Engel-Hierarchie*, Amerang 2018, S. 51, 60

kranken Körper mit ihren lichten Kräften zu erheben. Anorganische Arzneimittel können niemals unseren Körper durchlichten.

Diese feinen, hochschwingenden Kräfte der Engel wirken auch im Heilungsfeld bei einer energetischen Heilungssitzung. Das Wort Geistheilung ist etwas aus der Mode gekommen, bezeichnet aber die unsichtbar wirkenden Kräfte sehr treffend.

Die wichtigste Botschaft der Engel lautet: „Jeder Mensch hat seinen persönlichen Schutzengel und kann weitere Engel um Hilfe bitten.“

II.

Die Signatur des Lebens

a. Erzengel sind die Hüter der Elemente

Steigen wir hinab auf die Erde. Die Erzengel wirken in unsere sichtbare Welt hinein als Bildner der vier grundlegenden Elemente Erde, Wasser, Feuer und Luft. Diese wirken in allem, was lebendig ist: In der Natur, im Menschen, in der Tierwelt und bei den Pflanzen. Das fünfte Element, der Äther, hat die Elemente geschaffen und verbindet sie. Äther steigt aus einer höheren Hierarchie hinab, als verdichtete Schöpfungsenergie, allen Lebensfunktionen unterliegend und sie organisierend.

Diese elementaren Energien sind die Bausteine des Lebens und mit den ätherischen Kräften die Auslöser für die lebensbildenden Wandlungs- und Lebensphasen des Menschen und der Natur. Die Elemente beeinflussen die Phasen des Tages und der Monate und prägen die verschiedenen Jahreszeiten. Sie bilden sich aus in allen Formen und zeichnen so ihre Signaturen in der menschlichen Anatomie, in der Schönheit der Tierwelt, im Wunderwerk der Pflanzen und in der Natur. Die Elemente prägen auch unser Fühlen und Denken und damit unsere Sicht auf die Welt. Erde und Wasser sind dem weiblichen, Luft und Feuer dem männlichen Prinzip zugeordnet.

Die astrologische Stellung der Planeten zur Geburtsstunde prägt mit ihren Kräften den Menschen. Rudolf Steiner nennt diese verborgenen Energien *Bilde-Kräfte.* Beim Aussaat-Kalender wird die astrologische Konstellation berücksichtigt, um eine von diesen elementaren Kräften unterstützte Ernte hervorzubringen. In einem späteren Kapitel werden wir auf den Spuren von Paracelsus diesen weitreichenden Denkansätzen wiederbegegnen.

Betrachten wir die vier Erzengel und die entsprechenden Elemente. Uriel entspricht dem Element Erde und dem Norden. Qualitäten wie Stabilität, Geduld, Ausdauer, Schönheit, Weisheit und Hingabe gehören dem Element Erde an. Der Stier oder Büffel gilt als erdigstes Tier, aber auch alle unter der Erde lebenden Tiere gehören zu diesem Element. Unsere Nahrung entspricht dem Element Erde. Bei den Pflanzen ist es die Wurzel.

Gabriel steht für das Element Wasser und den Westen. Als weibliches Element verkörpert Wasser die Gefühlsebene, das Einfühlungsvermögen und die Intuition. Wasser steht für den Ursprung allen Lebens. Der blaue Planet mit seinen Meeren entspricht unserem zellulären Wasser. Fünfundsechzig Prozent des menschlichen Körpers besteht aus Wasser, dies ist auch der Anteil der Ozeane auf der Erde. Alle Meerestiere und die im Lebensraum Wasser lebenden Tiere sind diesem Element zugeordnet. Die Pflanzenwelt, das Pflanzenwachstum, Blatt und Stiel gehören ebenfalls dem Element Wasser an.

Der Erzengel Michael vertritt das Element Feuer und den Süden. Feuer entspricht dem aktiven, schöpferischen Prinzip, welches wiederum Willenskraft, Initiative, Sexualität, Fruchtbarkeit und

Lebenskraft repräsentiert. Feuer ist das transformierende Prinzip und steht in Verbindung mit der spirituellen Entwicklung des Menschen. Der Löwe gilt als Symbol des Feuers. Bei der Pflanze ist es die Ausbildung der Frucht.

Der Erzengel Raphael ist dem Element Luft und dem Osten zugeordnet. Luft ist das beweglichste und leichteste Element. Es verkörpert das gesprochene Wort, das Denken, den Intellekt und den Verstand. Geistige Gesetze, eine Lehre, aber auch Beziehungen und die Kommunikation sind vom Element Luft geprägt. Unsere Gedankenkraft, moderner gesagt unser *Mindset*, prägt und gestaltet unser Leben. Die Vogelwelt ist Vertreter des Elementes Luft. Bei den Pflanzen finden wir die Entsprechung im Bestäubungsvorgang und in der Blüte.

Krankheit ist ein Zeichen, dass die vier Elemente in ein Ungleichgewicht gefallen sind. Das entsprechende Heilmittel sollte das fehlende Element ersetzen oder ausgleichen. Eine ganzheitliche Heilung zielt immer auf die Rückführung zur Mitte und auf deren Kräftigung ab.

Das Gleichgewicht zwischen den Körperfunktionen, die sogenannte *Homöostase*, ist das Ziel einer ganzheitlichen Behandlung, mit dem Gedanken, dass die von der Natur geschaffenen Selbstheilungskräfte die wichtigste Instanz für Wohlbefinden und Gesundheit darstellen.

In der Transpersonalen Psychologie waltet derselbe ermächtigende Ansatz. Sie sieht Krisen als vorübergehende Merkmale von Prozessen, die den Menschen mehr in seine Mitte, zu sich selbst führt, wo er wieder empfänglich wird für seine Botschaften aus der Seele und seine geistige Entwicklung. Hier begegnen sich Heilkunde und Philosophie und können nicht ohne einander sein.

b. Die Elemente des Lebens

Wenn ein Leben auf der Erde gezeugt wird und eine Seele sich inkarniert, manifestieren sich die Elemente in der Reihenfolge: Äther - Luft - Feuer - Wasser - Erde.

Mit dem Element Äther zieht die Seele in rhythmischen Zyklen in den Körper ein. Nach Rudolf Steiner ist dieser Inkarnationsprozess nach drei mal sieben Jahren, im Alter von einundzwanzig, abgeschlossen.

Das Element Luft strömt ein mit dem ersten Atemzug. Feuer oder Hitze beeinflussen den Stoffwechsel, das Hormonsystem und das Einsetzen der immer besser werdenden Verdauung von Nahrung. Das Element Wasser kann mit der Kontrolle der Schließmuskel (Sphinkter) als integriert betrachtet werden. Mit dem Element Erde kann das Baby feste Nahrung zu sich nehmen, der Körper verfestigt sich immer mehr. Die Knochen und das Skelett bilden sich erst jetzt richtig aus. Es folgen die ersten Schritte und der aufrechte Gang.

Beim älter werdenden Menschen setzt der Rückzug der Elemente in der umgekehrten Reihenfolge ein. Altersschwäche geht mit dem Verlust der Stabilität, repräsentiert durch das Element Erde, einher. Das Wasser kann nicht mehr gehalten werden oder die Nieren versagen. Das Element Feuer zieht sich nach der Menopause immer mehr zurück, der Stoffwechsel wird langsamer. Der älter werdende Mensch braucht immer weniger feste Nahrung, und letztendlich setzt das Verdauungsfeuer ganz aus. Diese Prozesse greifen ineinander und ziehen sich über Jahrzehnte hinweg. Dann kommt der letzte Atemzug, und der Tod wird nach dem klinischen Status diagnostiziert. In dieser Zeit des Überganges in die feinstofflichen Ebenen ist besondere Achtsamkeit im Umgang mit dem Verstorbenen gefragt.

Während des Sterbeprozesses löst sich, nach dem letzten Atemzug, das Element Äther auf. Dies ist eine sehr sensible Zeit, wo sich die Lebensenergie endgültig aus dem Körper zurückzieht und die Seele zurück in den Ätherbereich gleitet. Wir wissen, wie wichtig es ist, den Verstorbenen gehen zu lassen und ihn nicht zurückzuhalten. Durch ungelöste Energien, zu große Anklammerung, Gefühle der Schuld oder des Unfriedens, wird die Reise nach drüben gestört. Daher macht es Sinn, den Sterbenden in Frieden und Dankbarkeit gehen zu lassen. Diese Form der Liebe trägt ihn hinüber über den Fluss zur anderen Seite seiner Existenz.

Seit der Zeit von AIDS und der damit verbundenen Gründung der Hospiz-Bewegung wird dem Sterben vermehrt Aufmerksamkeit geschenkt. Elisabeth Kübler-Ross hat mit ihren Forschungen einen wertvollen Teil dazu beigetragen. Wenn es aber um das tiefere Wissen des Rückzuges der Elemente geht, werden wir vor allem bei den Tibetern fündig.

Während der Stunden des Überganges rezitieren Mönche aus dem tibetischen *Totenbuch*. Der Sterbende wird so beim Übergang mit dem Rückzug der Elemente aufklärend begleitet. Als Beispiel sei hier das Element Feuer erwähnt. Während der Auflösung des Elementes Feuer wird der Emotionalkörper geläutert und einstmals durchlebte und gespeicherte Emotionen werden nochmals konzentriert wahrgenommen. Der Sterbende kann so zum Beispiel innerlich eine große Feuersbrunst durchleben. Es sind die selbst verursachten Emotionen, Gedankenkonzepte und Taten, die durchaus als *Hölle* wahrgenommen werden können. Eine äußere Hölle, im Sinne der Katholischen Kirche, etwa als Fegefeuer, existiert nicht. Diese Lehre war nur patentes Druckmittel der kirchlichen Obrigkeit.

c. Die Geometrie des werdenden Lebens

Wenden wir uns nun der Signatur des werdenden Lebens auf der Zellebene zu. Nach der Vereinigung von Eizelle und Sperma entsteht in nur drei weiteren Zellteilungen das Leben.

Die Offenbarung des Lebens unterliegt dem Element Äther und vollzieht sich nach den ersten drei Zellteilungen. Der Ablauf der geometrischen Entfaltung einer Lebensform beginnt mit einer befruchteten Eizelle oder Kugel, wandelt sich in ein Tetraeder, in ein Sterntetraeder und dann in einen Würfel. Diese Form wurde sehr bekannt als die *Blume des Lebens*. Die Entwicklung führt in eine weitere Kugel und schließlich in eine röhrenförmige Ringschnecke, in einen Torus. Den Torus haben wir dann auch als Aura um unseren physischen Körper.

Die acht Zellen des Sterntetraeders liegen im ausgebildeten Körper unterhalb des Steißbeines in der Nähe des Damms. Man bezeichnet sie auch als Stammzellen, weil sie mehr mit dem zu tun haben, was wir wirklich sind, nämlich die äußere Erscheinung. Verglichen mit der Lebenserwartung des physischen Körpers sind diese acht Zellen so gut wie unsterblich. Alle Energiefelder und Energiegitter um unseren Körper herum haben ihr Zentrum und ihren Ursprung in diesen acht Zellen, von denen aus wir kreisförmig wachsen.*

Die hexagonale Form der *Blume des Lebens* spiegelt sich in der Pflanze *Star of Bethlehem* wider. Sinnigerweise verschrieb der englische Arzt Edward Bach *Star of Bethlehem* für die Auflösung von Urtraumata und Schockzuständen.

d. Formen und Muster in der Schöpfung

„Die Liebe ist es, die die Welt im Innersten zusammenhält."

Faust I, J. W. v. Goethe

„Die Formen in der Natur sind ein Mysterium, wie das Leben selbst. Sie sind Schatten der Sonne", sagt Roger Kalbermatten. „Die Materie und das Leben manifestiert sich durch Formen. Formen sind vergänglich, das Leben selbst ist unsterblich."**

In der Ausgestaltung der Schöpfung bei Pflanze, Tier und Mensch, auch in ihrer Art sich zu bewegen, scheinen sich wiederholende Formen und Muster zu offenbaren.

---

* www.paranormal.de

** *Echte Heilung findet in der Freiheit statt*, Film mit Roger Kalbermatten, Renata Keller, 2020 Vimeo

Diese Muster finden wir auch bei den Wolken, im bewegten Wasser, beim Schnee oder im Wüstensand. Im Fels scheinen Muster feste Form geworden zu sein und regten mit ihren Formen und Figuren bisweilen die menschliche Phantasie bis zur Götterverehrung an.

Die wohl bekanntesten Urformen des Lebens sind Spirale und Helix. Es sind Formen des Wachstums und der Bewegung. Die Schöpfung zeichnet kaum gerade Linien. Diese eleganten Kurven sind am bekanntesten in der Doppelhelix unserer DNA oder im Herzen der Nautilus-Muschel. Diese nach Archimedes benannte perfekte, sich im Uhrzeigersinn drehende Spirale finden wir wieder im Kunstwerk des Spinnennetzes, im Schneckenhaus, im Herzen der Sonnenblume oder des Korbblütlers, der Kakteen und Hauswurze sowie in den Zapfen der Tannen und Föhren. Die dem Zapfenzieher gleichende Spiralform der Helix ist eine Form der Bewegung und des Wachstums und zeigt sich in ihrer drehenden Dynamik bei manch einem Stängel, aber auch beim Baumstamm und bei Baumästen sowie bei den Hörnern der Huftiere. Die Spirale wächst nicht in einer Ausdehnung in die Breite, sondern es entsteht, in einem perfekten gleichmäßigen Winkel, jeweils ein weiterer kreisrunder Ring.*

Wellen sind Formen der Bewegung. Wir finden sie im Wasser, im Eis oder im Sand der Wüste. Natürliche Flüsse folgen ihrem mäandernden Bett. Auch hier hat der Mensch von der Natur gelernt. Flüsse werden nicht mehr begradigt und kanalisiert, man gibt ihnen den natürlichen mäandernden Verlauf zurück, verhindert so ungewünschte Überschwemmung und fördert die Biodiversität des Ufers.

---

* Pat Murphy, William Neill, *By Nature's Design*, San Francisco 1993, S. 18

Die Kugelform finden wir in der Eizelle, bei unserer Erde, der Sonne, dem Mond und bei vielen Unterwassertieren, wie etwa der Seeanemone oder dem Oktopus. Die kugelförmigen Blüten der Pflanzen sind regelrechte Feuerwerke der Natur. Seifenblasen formen eine Kugel. Manch ein Tier kugelt sich ein, um Hitze zu speichern und sich zu schützen. Die Kugel bietet viel Inhalt, mit einem Minimum an Oberfläche. Hinter der Kugel steht eine explosive Dynamik. Hinter den Sternformen steht eine explosive Kraft.*

Die Kugelform ist die weibliche Form, mit den entsprechenden Yin-Qualitäten. Kapuzinerkresse und Frauenmantel sind Vertreterinnen dieser kreisrunden Pflanzen. Betrachten wir den Frauenmantel, finden wir die umhüllende weibliche Energie des Mutterschoßes, in ihrer Mitte einen Tautropfen haltend. Kapuzinerkresse ist das Mittel für Entgleisungen im Zusammenhang mit dem Wasserhaushalt, wie Mykosen und Harnwegsinfektionen. Diese Yin-Pflanze hat das Aussehen einer Wasserpflanze. Sie hilft, mit ihren lichtkräftigen orangenen Blüten, zu wässerig Gewordenes zu durchlichten und zu wärmen.**

Eine andere Annäherung an die Signaturen ist die Beobachtung der Bewegung der Planeten und ihre Auswirkung auf die Schöpfung. Die alten Meister, wie etwa ein Paracelsus, waren auf allen wissenschaftlichen Gebieten kundig, auch auf dem der Astrologie.

Als Beispiel sei hier die Signatur des Planeten Venus erwähnt. Venus legt ihre Umlaufbahn kreisförmig um die Erde mit jeweils

---

* Ebd., S. 48

** *Echte Heilung findet in der Freiheit statt*, Film mit Roger Kalbermatten, Renata Keller, 2020 Vimeo fünf Schlaufen. Diese Bild gibt das genaue Abbild der Blüten der fünfblättrigen Rosengewächse. Venus wird somit zur Göttin der Rose. Alle Obstbäume gehören zu den Rosaceae, den Rosengewächsen. Auch diese Blüten haben die fünfblättrige Form. Aus den befruchteten Blüten entsteht später die Frucht. Schneidet man einen Apfel quer durch, findet man diese fünfblättrige Blumenform in der Signatur des Gehäuses wieder.

So sind die Rose und die Apfelblüte zum Sinnbild der Venus geworden. Die Apfelblüten, im von der Venus regierten Wonnemonat Mai, und die Rose sind Sinnbild für Verehrung und Liebe. Rosen- und Apfelblüten-Auszüge werden seit jeher als Schönheitsmittel genutzt. Edward Bach gibt der Apfelblüte die Bedeutung von Reinheit und Ordnung. Apfelsaft reinigt Nieren und Harnwege.

Das Yang-Prinzip finden wir in Heilpflanzen wie dem Rosmarin oder dem Hafer. Die Signatur des Feuergottes Mars zeichnet gerade Linien, die sich in den schmalen Blättern des Rosmarin zeigen oder bei Pflanzen mit Dornen. Für Roger Kalbermatten ist der Rosmarin das Heilmittel, um das „feu sacré“ wieder zu entzünden.* Der Rosmarin ist eine durchwärmende, geistig anregende Pflanze. Der Rosmarinstrauch sieht nicht nur aus wie ein entzündetes Feuer, er beinhaltet auch die entsprechenden chemischen Substanzen.

Verästelungen sind ein Kompromiss der Natur zwischen Spirale, Sternform und dem Mäandern. Bei den Bäumen tragen starke

* *Echte Heilung findet in der Freiheit statt*, Film mit Roger Kalbermatten, Renata Keller, 2020 Vimeo

Äste immer feiner werdende Äste. Bei Blättern werden die Verästelungen nach außen hin immer feiner und feiner. Unsere *großen Blutgefäße* enden in den feinsten Kapillaren. Dieses Design macht es möglich, alle Orte eines großen Gebietes abzudecken.*

Der Maiskolben, der Panzer der Schildköte, Schaum oder spezielle Felsformen zeigen die Form einer Bienenwabe. Die Verbindungen der Waben stehen immer in einem 120 Grad Winkel zueinander. Mit dem geringsten Aufwand wird hier das beste Resultat erzeugt.**

In der Natur erscheinende Irregularitäten treten als sogenannte *Fraktale* auf. Selbst hier scheinen bestimmte Gesetze am Wirken zu sein. Fraktale, wie etwa die Schneeflocke, können spiegelbildlich sein. Eine Küstenlinie ist im Großen wie im Kleinen in ihrer Zerklüftung als solche Analogie erkennbar. Die Teilverästelung eines Farnblatts zeichnet dieselbe Form wie das ganze Blatt.*** Der Umriss eines Lindenbaums hat dieselbe Form wie das Lindenblatt. Birnbäume erkennt man durch den birnförmigen, Apfelbäume durch den kugeligen Umriss.

Ein gewisses Grundwissen ist hilfreich, aber es darf niemals auf der intellektuellen Ebene allein nach den Signaturen Ausschau gehalten werden. Die Formen sind nur der Ausdruck einer hinter ihnen stehenden großen Energie, die, wie Goethe sagt, alles zusammenhält. Eine lebenslange Betrachtung, Beobachtung und schlussendlich Anwendung der eigenen Intuition sind die Grund-

* Pat Murphy, S. 60
** Ebd., S. 74
*** Ebd., S. 92

voraussetzung für die Schau des Mysteriums, welches hinter der Formenwelt steht.

e. Das Wirken der Pflanzen-Devas und anderer Naturwesen

Unsere Natur ist ein lebendiger, von den Naturwesen beseelter Organismus. In der Pflanzenwelt zeichnen mächtige Devas oder Gottheiten für die jeweiligen Pflanzenarten verantwortlich. Unter ihrer Führung wirken wiederum weitere Natur- oder Ätherwesen. Wolf-Dieter Storl und andere Pflanzensensitive bezeichnen die Devas als die Architekten der Schöpfung.* Die Elementarwesen und Naturgeister hingegen sind die Arbeiter, welche das Werk zur Manifestation bringen, als sichtbar geschaffene Natur, in der wir leben.

Rein chemisch gesehen, sind die Pflanzen stofflich gewordenes Licht. Bei der Photosynthese verwandeln sie kosmisches Sonnenlicht in Chlorophyll und verinnerlichen diese Lichtenergie in ihr pflanzliches Blatt- und Stängelwerk. Die pflanzlichen Lichtphotonen stellen für den Menschen einen hohen Wert an Lebensenergie zur Verfügung. Deshalb ist vegane oder vegetarische Nahrung so essenziell für den spirituell interessierten Menschen. Sie stärkt seine Kundalini-Kraft, und sein inneres Licht kann erstrahlen. Diese erwachende und aufsteigende Lebenskraft befeuert die Chakras und lässt die Aura entsprechend der geistigen Reife erstrahlen.**

---

* Wolf-Dieter Storl, *Pflanzen-Devas*, Aarau 1997, S. 138

** Ebd., S. 17

Die Devas, die Leuchtenden oder Himmlischen, sind kosmische Wirkkräfte, die durch die Planeten auf unsere Erde hinabwirken. Die große Vegetationsgöttin herrscht über alle Pflanzen-Devas, welche wiederum die Elementarwesen beeinflussen. Auch sie können den vier Elementen zugeordnet werden. Ihr Wirken, ihre Handschrift, erfahren wir während der sensiblen, kontemplativen Naturbetrachtung. Wir können sie mit wachen Sinnen gut spüren und wahrnehmen. Warum erholen wir uns so gut draußen in der Natur? Besonders im Wechsel der Jahreszeiten sind komplexe Naturkräfte am Wirken. Waldbaden, Wandern, Langlaufen, an, auf oder in einem Gewässer die Seelen baumeln lassen, dies erfüllt unseren feinstofflichen Körper, unsere Aura, mit frischer Energie, die sich wiederum auf das körperliche und seelische Wohlbefinden positiv auswirkt.

Als Kind hatte ich die Gelegenheit, bei meiner Großmutter die originalen Bilderschätze des in der Schweiz und in Deutschland wirkenden Maler-Dichters Ernst Kreidolf (1863-1956) anzuschauen. Mit seinem *Wintermärchen*, dem *Lenzgesind* und den *Alpenblumenmärchen* entführte er mich in wundervolle Traumwelten der personifizierten Blumen, Käfer und Schmetterlinge. Diese verinnerlichten Bilder helfen mir heute noch, in einer Winterlandschaft die Eis-Fee zu entdecken, Zwerge, Elfen und Kobolde am moosigen Waldbach zu sichten oder in der Abendsonne auf der Blütenwiese tanzende Pflanzen-Devas zu treffen. Besonders lichtvoll und filigran sind die Feen in den Birkenwäldern. Ernst Kreidolf hat hinter die Dinge gesehen, und mit seinen naturalistischen Bildern zeichnet er unsichtbare Welten. Als Maler hat er, stundenlang in der Natur sitzend, die Signaturen erfasst. Er wusste dadurch intuitiv, welche Pflanzen für welche Linderung zuständig sind. Man könnte auch ihn, nebst vielen anderen Pflanzen-Sensitiven, einen *Pflanzenflüsterer* nennen.

Im Element Erde leben die Gnome, auch Zwerge, Trolle, Kobolde oder Wichtel genannt. Das Erdenvolk ist Träger der Elementarkraft der Erde und verantwortlich für die ätherischen Kräfte der Mineralien, die mit den Wurzeln der Pflanzen aufgenommen werden. Ihr Lebensraum befindet sich in der Natur vorwiegend in der Erde, vorzugsweise in den Wäldern und Bergen. Städte meiden sie. Sie verehren kreative, der Schöpfung gut gesinnte Menschen und sind überaus zahlreich. Entzückt über jede aufblühende Knospe, tummeln sie sich bei den Blumen, Büschen und Bäumen, vor allem im Frühling, beim Erwachen der Natur. Sie lieben es, sich um Kinder und freundliche Erwachsene zu scharen und diese zu imitieren. In vielen Situationen sind sie, die unsichtbaren Helfer, für verlorene Gegenstände zuständig oder um Menschen, vor allem Kinder, vor Gefahren zu schützen. Sie sind auch den Tieren sehr zugetan und immer bereit, zu helfen oder Trost zu spenden.[*]

Menschen mit dem sogenannten grünen Daumen versammeln wohl viele Erdgeister um sich. Die dem Menschen und der Natur wohlgesinnten Erdgeister sind eifrig bemüht, ihren Menschen-Vorbildern zu dienen und für gutes Wachstum und Gedeihen der Pflanzen zu sorgen.

Im Element Wasser tummeln sich die Nixen, Sirenen, Undinen und Nymphen. Sie hüten die Ätherkräfte der Gewässer, der Bäche, Flüsse, Seen und Ozeane. Nach Erhard Bäzner ist ihre Aura strah-

[*] Erhard Bäzner, *Die Naturgeister*, Grafing 2007, S. 39

lend schön, und ihre Schwingungen sind stark. Die Nixen hüten die Gewässer und die Lebewesen des Wassers.* Ihre Zuneigung zu den Menschen ist überaus groß. Oftmals sind sie die Helfer für in Seenot geratene Seemänner. Die Nixen haben die Fähigkeit der Vorsehung und warnen gefährdete Schiffe, indem sie mit ihren Gedankenschwingungen in das Bewusstsein der Seemänner eindringen.** Die Nixen sind verspielte Wesen und lieben es, vor allem in der wärmeren Jahreszeit, an die Wasseroberfläche aufzutauchen.

Das wärmende Element Feuer, vertreten durch die Feuerwesen oder Salamander, lässt die Pflanzen wachsen, erblühen und Früchte mit ihren Samen hervorbringen.

Nach Erhard Bäzner*** sind die Wesen des Feuer-Elementes unberechenbare und streitsüchtige Vertreter der Naturgeister. Er siedelt sie als Mitbewohner bei Menschen an, die im unteren Astralbereich schwingen, leidenschaftlich und zornig sind. Bei Naturkatastrophen, wie Vulkanausbrüchen, großen Feuersbrünsten oder bei Atom-Explosionen, sind machtvolle Feuerwesen am Werk. Es sind aber die reinigenden und sanften Feuergeister, die uns Menschen an ein offenes Feuer ziehen und uns ruhig werden lassen.

Die Luftwesen, die Sylphen, Elfen und Feen, versorgen die Pflanzenwelt mit den Ätherkräften des Lichtes und sind so für die Photosynthese und das Wachstum der Pflanzenwelt zuständig.

---

* Ebd., S. 98

** Ebd., S. 106

*** Ebd., S. 132

Für Erhard Bäzner gehören die Sylphen, auch Elfen genannt, einer höheren Stufe der Elementargeister an. Ihre Körperhülle ist feiner und leuchtender als die der anderen Naturgeister: Sie besteht aus lichtem Fluidum. Ihr Aufenthaltsort ist in der Regel die Luft, aber auch die Erde und das Wasser. Sie sind, zusammen mit den Nixen und Gnomen, den Pflanzen, Tieren und gutgesinnten Menschen zugetan. In Gemeinschaft mit den Nixen und Gnomen fördern sie das Wachstum der Pflanzen- und Tierwelt. Die wunderschönen feinschwingenden Sylphen sind das Bindeglied zwischen den Erd- und Wasserwesen und den höher schwingenden Devas. Sie sind die fördernde Kraft hinter der Natur, den höher ausgebildeten Pflanzen und Tieren, und ein Segen für sie erkennende Menschen. Besonders Kinder lieben ihre unsichtbaren Freunde und lassen sich durch sie trösten und entzücken.*

Dem Element Äther sind letztendlich die Pflanzen-Devas zugeordnet. Sie beseelen die Pflanzen und hüten deren energetische Heilkräfte.

Die Tatsache, dass die Elementarwesen, die Zwerge, Nixen und Feen, die jeweiligen Gepflogenheiten, das Aussehen und die Kleidung des Landes, wo sie ansässig sind, übernehmen und es lieben, die Menschen nachzuahmen, bringt mich zur Frage: Sind es nicht wir, die die Elementarwesen formen? Sind sie Projektionen und Schöpfungen unserer Gedanken? Angereichert mit unseren Emotionen, verfeinert mit unserer Herzensliebe? Sind die gefürchteten Feuerteufel Abbilder unserer Furcht vor Zerstörung und Inferno? Die Sturmgeister werden jedem Seemann deutlich vor Augen geführt, wenn die See von Windböen gepeitscht wird, schäumt

* Ebd., S. 113

und wilde Formen annimmt. Der Bergsteiger kennt Feuer- und Sturmgeister, wenn sie während eines Gewitters als Sturm, Blitz und Donner toben.

Sind die Qualitäten der feineren Elementarwesen, der Zwerge, Gnome, Feen, Nixen und Sylphen, ihre Hilfsbereitschaft, ihre Verspieltheit und Fröhlichkeit nicht Qualitäten des inneren Kindes, Herzensqualitäten der Menschen? Qualitäten, die wir in die Wesen projizieren? Qualitäten, die uns während des Aufenthalts in der wundervollen Natur verzaubern, die wir uns nicht mehr selber zugestehen? Vielleicht lautet die Antwort: Sowohl als auch.

Zusammenfassend kann man sagen, dass die Naturgeister formlose, für den sensitiven Betrachter wahrnehmbare Ätherkräfte sind. Die Personifizierung haben wir, ähnlich wie bei den griechischen Göttern, von den überlieferten Märchen und Mythen übernommen. Sie haben ihren Ursprung in der menschlichen Phantasie und können so, mit unserer formgebenden Projektion, besser eingeordnet werden.

In Europa erfreut sich die Traditionelle Europäische Pflanzenheilkunde (TEN) eines großen Interesses. Leider haben die inquisitorischen Säuberungen das alte Wissen um die hinter den Pflanzen stehenden Wirkkräfte beinahe ausgemerzt. Mit dem Brauchtum der *Gründonnerstags-Suppe* und den neun grünen Frühlingskräutern wird diese Tradition noch gelebt. Die Wesenheiten hinter den Pflanzen sind in der westlichen traditionellen Heilkunde durch die großen Pflanzengöttinnen Aphrodite, Isis, Diana, Freya oder Brigit verkörpert. Später vereinigt Maria diese ehemaligen Göttinnen.* Hildegard von Bingen oder Maria Treben lassen sich von der göttlichen Mutter inspirieren und erhalten so das Heilwissen um die Pflanzen. Paracelsus widmete den Elementarwesen ein eigenes Werk ** und inspirierte viele Dichtungen, Opern und Kunstwerke, unter anderen Johann Wolfgang von Goethe mit seinem *Faust.*

Dem intuitiven pflanzenheilkundigen Menschen offenbaren die entsprechenden Wesenheiten ihre Wirkungskräfte. Auch der Standort der Pflanze wird über Träume oder intuitiv mitgeteilt. Die mediale Heilerin oder der mediale Heiler bekommen durch die innere Wahrnehmung Gewissheit, welche Pflanze für welchen Patienten Heilung zeigen wird.

Der in dieses Wissen „eingeweihte" Pflanzensammler verbindet sich respektvoll mit den Pflanzen-Devas und den Naturwesen. Er bittet sie um Erlaubnis für das Sammeln und bietet ihnen Tabak, Heilkräuter, Heilessenzen oder innere Dankbarkeit als Geschenk dar. So werden die Heilkräfte der Pflanzen und der Heiler selbst zu Medien, zu Vermittlern zwischen der Pflanze und der Seele des Menschen. Diese wundervolle Offenbarung war schon immer da, und wer sie mit dem Herzen versteht, weiß, dass wahre Heilung nur mit den passenden stärkenden, nicht den Organismus schwächenden Mitteln erreicht werden kann.

Es sei hier erwähnt, dass sich der erfolgreiche Gärtner in derselben Welt bewegt und die Wirkkräfte der Elementarwesen

---

* Wolf-Dieter Storl, *Pflanzen-Devas*, Aarau 1997, S. 34

** Paracelsus, *Ein Buch über Nymphen, Sylphen, Pygmäen und Salamander und über die anderen Geister*, Sigherist, Henry E. (Hrsg.), Baltimore & London, 1996 sensitiv erfasst. Zu diesem Thema möchte ich die wundervollen Gärten der biodynamischen Landwirtschaft, insbesondere die der Gemeinschaft von Findhorn, erwähnen. Mit der Unterstützung der Pflanzen-Devas erreichen diese Gärtner erstaunliche Resultate, die das künstliche Düngen und den Einsatz von Herbiziden überflüssig machen. In diesem Zusammenhang sei erwähnt, dass die Pflanzenheilkunde mit der veganen, vegetarischen Ernährung beginnt. Die neue Generation von Starköchen hat diese Tatsache erkannt. Ich glaube, dass die herkömmliche Nahrungs- und Pharma-Industrie in der Zukunft einen schweren Stand haben wird.

f. Tiere als Öffner der Herzen

Eine Welt ohne Tiere ist unvorstellbar. Ihnen obliegt die wichtige Aufgabe, unsere Nahrungskette zu organisieren. Denken wir an die Insekten, ohne die es keine Befruchtung gäbe. Kleinstlebewesen und Organismen sind essenziell für das Ökosystem des Erdreiches.

Vom Wesen her sind Tiere lange Zeit mit der Gruppenseele ihrer Art verbunden. Ihre Ausrichtung ist kollektiv. Ein egoistisches Bewusstsein ist ihnen fremd. Ihr Dasein ist von Offenheit und Hingabe geprägt. Wenn die Pflanzen mit ihren Devas dem Ätherbereich zugeordnet sind, sind die Tiere dem emotionalen, seelischen Bereich zugeteilt.

Besonders unsere Haustiere, wie Hunde und Katzen, lassen die Herzen der Menschen schmelzen. Mancher verliert sein Herz an seinen treuen Begleiter und ist mit ihm über mehrere Leben hinweg verbunden.

Meine Hündin Lenka hatte in meiner Praxis während Einzel- und Gruppenarbeiten die Aufgabe der Co-Therapeutin. Oft wechselte sie ihren Platz während der Gruppensitzungen und setzte sich immer zu den Menschen, die ihre Präsenz, Energie und Liebe gerade nötig hatten. Gleichzeitig beschützte Lenka mich und machte mich liebevoll aufmerksam, wenn ich Grenzen ziehen durfte. Bei Menschen mit Besetzungen hat sie signifikant gebellt, so dass ich immer wusste, was los war.

Lenka und ich hatten eine tiefe, uralte Verbindung. In diesem Leben kam sie als bulgarische Straßenhündin über weite Wege zu mir. Nicht gesucht, aber unvermeidbar. Wir verstanden uns von Anfang an ohne Worte und waren telepathisch miteinander verbunden. Ich musste sie nie mit lauter Stimme ansprechen.

Lenka hatte die Angewohnheit, stundenlang die Wellen am Ufer des Bodensees anzubellen und ihnen hinterher zu rennen. In einer inneren Schau sah ich, wie sie immer noch traumatisiert war von einem Tsunami, der zum Untergang ihres Lebensraumes geführt hatte. Ich machte ihr dann klar, dass alles vorbei war und am Bodensee kein Tsunami zu befürchten sei. Von diesem Tag an waren die Uferspaziergänge ruhig und friedlich.

Inzwischen wirkt Lenka als Therapeutin im Hundehimmel und ist dort mit ihrer Weisheit hochangesehen. Eines Tages wird sie zu mir zurückkommen. Ich werde sie wiedererkennen.

g. Physik und der Quanten-Raum

„Nur scheinbar hat ein Ding eine Farbe, nur scheinbar ist es süß oder bitter; in Wirklichkeit gibt es nur Atome und leeren Raum." Demokrit wusste mit dieser Aussage schon in der griechischen Antike von dem verhältnismäßig kleinen Anteil der Materie, verglichen mit dem leeren Raum.

Wir wissen heute, durch das Rutherfordsche (1871-1937) Atom-Modell, dass 99,9 % der Materie sich im Atomkern befindet. Die Atomhülle besteht ausschließlich aus Raum. Dabei hat der Atomkern einen zwanzigtausend bis hundertfünfzigtausend Mal kleineren Durchmesser als die Atomhülle. Die gesamte Materie der Erde kann man sich in Relation somit in der Größe einer Apfelsine vorstellen.

Rupert Sheldrake nennt diese unsichtbare Kraft das *morphische Feld*. Seine These, dass ein feinstoffliches Feld an der Formgebung der Materie (morphogenetisch) beteiligt ist, ist höchst einflussreich.

Der Versuch, die grobstoffliche Materie immer mehr zu zerlegen, führte schlussendlich zu den Quanten. Dies sind noch kleinere Teile als die Atome und die Moleküle. Es sind Kleinstteilchen aus der Welt der Photonen und Elektronen. Der Vater der Quantenphysik ist Max Planck (1858–1947), er erhielt 1919 den Nobelpreis der Physik für seine weltbewegende Entdeckung des Wirkungsquantums.

Wesentliche Merkmale der heute an den Universitäten gelehrten Quantenphysik sind:

- Hinter der Materie besteht alles aus Licht oder Information.
- Die Quanten sind ein ungeordnetes Meer mit allen Möglichkeiten (innerhalb der Schöpfung), welche Materialisation entstehen lassen möchten.
- Der Beobachter beeinflusst die werdende Materie, er nimmt Einfluss auf deren Manifestation.
- Wir leben in einem Feld, in dem alles verbunden ist. (Spinnennetzeffekt)
- Diese Felder wirken außerhalb unserer Zeitdimension.
- Die Felder wirken über die materielle Dimension hinaus, auf mehreren Dimensionen gleichzeitig.
- Jenseits der Materie wirkt ein leerer Hyperraum.
- Dieser Raum ist ein Feld, wie eine Blauphase der Schöpfung, für alle Zeit.
- Da die Blauphase immer alle Möglichkeiten bietet, entscheidet unsere Beziehung zur Welt, ob wir gesund oder krank sind.
- Wir Menschen erzeugen und manifestieren unsere persönliche und kollektive Realität.*

Mit der Quantenphysik wird klar, dass alles mit allem verbunden ist. Mystiker, Astrologen, spirituelle Lehrer oder Hirnforscher beweisen, dass das Darwinsche Modell des *Survival of the Fittest* mit seinem Konkurrenz- und Wettbewerbs-Denken nun endgültig abgelöst wird durch das neue globale *Empathische Zeitalter.* „Empathie ist der Schlüssel zur neuen Menschlichkeit“, sagt Jeremy Rifkin, der Zukunftsforscher und Bestsellerautor aus den USA. Der Gedanke des Getrennt-Seins ist eine Illusion. Wir leben alle im gleichen Feld auf dieser Erde, verbunden durch den Geist, der alles lenkt!

---

* Silvan Zülle, *Quanten Bewusstsein*, Langnau 2012, S. 48 - 66

Wir sind also die Schöpfer aller Möglichkeiten auf dem göttlichen Spielplatz. Wirksamkeitsstudien im medizinischen Bereich beschränken sich auf die klassische physische Ebene und geben ein unvollständiges Bild. Die wahre, prägende Welt beginnt im Feinstofflichen, auf der subatomaren Ebene, die mit unseren Gedanken identisch ist. Mit unserem Geist und unseren bewussten und unbewussten Gedanken prägen wir unseren Körper und unser Leben. Auf dieser höheren Ebene befindet sich die Weichenstellung für Gesundheit oder Krankheit. Informationen wirken über die Nervenfasern und Hormone in die Steuerungsfunktionen unseres Körpers hinein.

Diese Informationsabläufe werden nicht nur durch unsere Gedanken geprägt, sondern sie sind auch wesentlich von Umweltfaktoren beeinflusst, von den Feldern, in denen wir uns bewegen. Falsche Informationsabläufe erzeugen ungesunde physikalische und chemische Prozesse und können zu krankhaften Veränderungen führen, zuerst auf subatomarer Ebene, dann aufsteigend zu den Molekülen, den Zellen und den Organen. Die Zell- und Organ-Erkrankung ist oft das Ende einer Kaskade von krankhaften Abläufen, die ihren Ursprung auf der subatomaren Ebene haben.

Dank der quantenphysikalischen Zusammenhänge ist unser Körper durch unsere Gedanken in Richtung Heilung beeinflussbar. Es gibt genügend Dokumentationen über das *Gesundbeten* oder *Geistheilen*. Diese, auf der Basis von Informationen laufenden Prozesse sollten im digitalen Zeitalter immer besser verstanden werden.

Komplementärmedizinische Methoden wirken sich auch auf der quantenphysikalischen Ebene aus. Der Effekt auf der Quantenebene ist leider nur theoretisch-mathematisch beschreibbar und aus quantenphysikalischen Gründen nicht messbar. Genau hier haben komplementärmedizinische Methoden ein Problem, wenn sie die Heileffekte nach schulmedizinischen Methoden beweisen müssen. Man kann es nicht – ganz einfach deswegen, weil die angewandten Methoden die erforderliche Empfindlichkeit und Genauigkeit nie erreichen können. Den Therapie-Effekt erkennt man jedoch an der physisch-psychischen Reaktion der Behandelten. Im schulmedizinischen Denken haben diese Vorgänge keinen Platz. Selbst ein Placebo-Effekt, welchen die Schulmedizin nicht wirklich versteht, kann das Resultat eines positiv beeinflussten Quanteneffektes sein.

Es bleibt jedem Menschen selber überlassen, sich diesen Bereichen zu öffnen und eigene Erfahrungen zu sammeln. Man spricht deshalb auch gerne von Erfahrungsmedizin. Der Weg dahin muss aus der Angst heraus und hin zum Vertrauen führen. Es ist ein Vertrauen, welches von innen heraufsteigt und nicht materiell sichtbar und erklärbar ist. Da die äußeren Felder höchst beeinflussend sind, findet sich der Zugang zur inneren Wahrheit am besten in der Stille der Meditation oder während des Aufenthaltes in der Natur.

h. Die hermetischen Gesetze

„Alles ist mit allem verbunden, so spiegelt sich das Kleine im Großen und das Große im Kleinen wider. Alles ist in Bewegung und im Wandel. Nichts geht verloren. Hinter allem ist Geist." Bei den taoistischen Weisheiten von Laotse und den Lehren der antiken griechischen Philosophen sind die ersten Zeugnisse dieser philosophischen Weltanschauungen zu finden.

Das *Corpus Hermeticum* geht auf die mythische ägyptische dreifach große Göttergestalt des Hermes Trismegistos, einen vom Gott Thot inspirierten Gelehrten, zurück. Die Überlieferung seines Werkes hinterlässt Spuren bei Platon, im Römischen Reich und später bei den Hermetikern. Die um das zweite oder dritte Jahrhundert gefundene *Tabula Smaragdina* gilt als philosophische Basis der Hermetik und der Alchemie.

Greifen wir auf die sieben hermetischen Gesetze oder Prinzipien aus dem *Kybalion* zurück. Das Kybalion* wurde 1908 in Chicago veröffentlicht. Die Autorenschaft ist nicht geklärt, vielleicht weil sie anonym bleiben wollten. Im Kybalion wird hermetisches Gedankengut mit dem der Neugeist-Bewegung ergänzt. Finden Sie nachstehend in einem abschließenden Kommentar jeweils die Auswirkung des Prinzips auf die Körper-Geist-Seele-Einheit des Menschen.

---

* Autorenschaft anonym, *Kybalion*, Chicago 1908

1. Das Prinzip der Geistigkeit

„Das All ist Geist, das Universum ist geistig.“ Alles Leben auf der Erde ist Ausdruck der geistigen Schöpfung. Dieses Prinzip gilt ebenso auf der menschlichen Ebene, denn auch der Mensch ist Geist. Er ist in der Lage, zu erschaffen. Alles wurde aus Geist erschaffen, deshalb kann nur Geist heilen.

Wahre Heilung findet auf der geistigen Ebene statt.

2. Das Prinzip der Entsprechung

„Wie oben, so unten, wie innen, so außen, wie der Geist, so der Körper.“

Die Verhältnisse im Universum, dem Makrokosmos, entsprechen denen im Individuum, dem Mikrokosmos. Die äußeren Verhältnisse spiegeln sich im Menschen und umgekehrt wider. Veränderungen im mikrokosmischen Bereich wirken sich folglich auch auf die Gesamtheit aus.

Das Sonnensystem entspricht dem Aufbau des Atoms. Der menschliche Organismus unterliegt den fünf Elementen. Ebenso entspricht der menschliche Körper einem Gesamtsystem. Die inneren Organe wirken in ihrer Gesamtheit wie eine Familie, ein Unternehmen, ein Dorf, ein Staat. Sie sind voneinander abhängig und wirken als Ganzes.

3. Das Prinzip der Schwingungen

„Nichts ruht, alles ist in Bewegung, alles schwingt."

Alles ist aus Schwingung entstanden. Ton erzeugt Schwingung. Alles ist Klang. Bei Pflanzen, Tieren und Menschen finden wir sichtbar gewordene Schwingung in Form von Wellen und Wirbeln.

Ziel des Heilens ist es, die Schwingung zu erhöhen. Krankheit ist gesunkene Schwingung. Ein wahres Heilmittel will die Schwingung des Menschen erhöhen.

4. Das Prinzip der Polarität

„Alles ist zweifach, alles ist polar, alles hat seine zwei Gegensätze." „Gleich und Ungleich ist dasselbe; Gegensätze sind ihrer Natur nach identisch, nur in ihrer Ausprägung verschieden." „Extreme begegnen einander." „Alle Wahrheiten sind nur Halb-Wahrheiten, alle Paradoxa können in Übereinstimmung gebracht werden."

Gemeint sind gegensätzliche Emanationen desselben Grundprinzips, wie Tag und Nacht, Krankheit und Gesundheit, Liebe und Angst. Aus der Polarität hinaus führt der Weg der Erhöhung. Die Alchemie der Liebe erhöht die Angst und bringt sie zum Schmelzen. Angesichts des Lichtes verschwindet das Dunkle. Selbstheilungskräfte und Schwingungserhöhung heilen Krankheit.

5. Das Prinzip des Rhythmus

„Alles fließt aus und ein; alles hat seine Gezeiten; alles hebt sich und fällt." „Der Schwung des Pendels äußert sich in allem, der Ausschlag des Pendels nach rechts ist das Maß für den Ausschlag nach links; Rhythmus gleicht aus."

Die Bewegung des Lebens äußert sich in Rhythmen. Ohne Rhythmus gibt es kein Leben. Ohne Leben gibt es keinen Tod. So kann auch der Tod nicht als final angesehen werden, sondern als eine Station im Kreislauf des Lebens und Sterbens.

Blockaden hindern das rhythmische Fließen der Lebensenergie. Ein Heilmittel soll den Menschen wieder in seinen Rhythmus führen. Ist der Mensch wieder im Gleichklang mit seinem inneren Rhythmus, findet Heilung statt.

6. Das Prinzip der Kausalität

„Jede Ursache hat ihre Wirkung; jedes Phänomen hat seine Ursache." „Alles geschieht gesetzmäßig, Zufall ist nur ein Begriff für ein unerkanntes Gesetz." „Es gibt viele Ebenen von Ursachen, aber nichts entgeht dem Gesetz."

Jeder Mensch hat sein eigenes *Dharma*. Dieses Prinzip impliziert Selbstverantwortung. Wenn wir selbst Verursacher sind, liegt es in unserer Verantwortung, die zugrunde liegende Ursache zu erforschen und zu erkennen. So können wir den Kurs immer wieder neu ausrichten.

Da alle sieben Prinzipien zusammenwirken, müssen sie auch alle umgesetzt werden. Wahre Heilung geschieht nur durch Veränderung der Lebensumstände. Nur durch Schwingungserhöhung allein, ohne Änderung der inneren und äußeren Lebensumstände, kann Heilung nicht nachhaltig stattfinden. Heilung findet geistig, mental, emotional und körperlich, innen wie außen, statt. Es gilt zu erforschen und zu erkennen, ob die Blockaden nicht nur biographischer, sondern auch karmischer Natur sind. Nach meiner praktischen Erfahrung liegen der jetzigen Lebensgeschichte immer mehrere Schichten karmischer Umstände zugrunde. Es gilt also, die vielen Schichten bis hin zur Entstehung zu erforschen. Ebenso will das ganze System, auch das Umfeld (außen), geheilt werden.

7. Das Prinzip des Geschlechts

„Geschlecht ist in allem; alles trägt sein männliches und sein weibliches Prinzip in sich." „Geschlecht offenbart sich auf allen Ebenen."

Jedes Atom hat seine positive und negative Ladung. Leben entsteht durch Vereinigung von Eizelle und Sperma. Das Eine kann nicht ohne das Andere, zusammen entsteht das Dritte. Die Alchemie des Lebens offenbart sich hier. Mit der chymischen Hochzeit strebt die Alchemie die Erhöhung in die Quintessenz an. Das männliche und das weibliche Prinzip bedingen sich und sind gleichwertig. Beim Menschen, egal ob Mann oder Frau, sollen diese Kräfte ins Gleichgewicht gebracht werden. Ohne schöpferische Willenskraft kann sich Liebe nicht allein zum Ausdruck bringen.

Wille ohne Liebe erschafft nichts Erhöhendes. Die Form braucht den Inhalt, der Inhalt braucht die Form.

Heilung ist immer ein ganzheitlicher Akt. Ein Akt der Liebe und ein Willensakt. Es braucht die Liebe und den Willen, um etwas zu verändern. Im reifen Menschen sind die weiblichen und die männlichen Anteile ausgeglichen. Der Psychiater Roberto Assagioli spricht von Liebe und Willen, Carl Gustav Jung von der inneren Anima und dem inneren Animus, die sich vermählen dürfen.

i. Die Systemtheorie

Bei der Systemtheorie ergründen wir ein System, einen Organismus, der durch die komplexe Wechselwirkung von einzelnen Elementen entstanden ist. Ein Organismus ist geprägt von den unterliegenden Energien seiner Einzelteile. Der Begriff *Systemtheorie* geht auf die Forschung des Biologen Ludwig von Bertalanffy (1901-1972), der während der Mitte des 20. Jahrhunderts forschte, zurück. Gemeinsam mit dem Mathematiker und Kybernetiker Norbert Wiener (1894-1964) formulierten die beiden Wissenschaftler grundlegende Gedanken für diesen Ansatz.

In der Systemtheorie geht es um das Studium von lebenden Organismen und deren Organisation und Selbsterhaltung gegenüber der Innen- und gegenüber der Umwelt. Bei der Kybernetik handelt es sich vorwiegend um geschlossene innere Steuerungs- und Regelkreisläufe.

Die Systemtheorie behandelt offene Systeme, wie das Sonnensystem, Systeme in der Natur, biologische Systeme, wie die Zelle und den Menschen, aber auch eine Familie, eine Organisation, einen Staat. Auch Computernetzwerke können als Systeme aufgefasst werden. Das Systemdenken erfasst die Komplexität dieser Organismen. Das zukünftige Verhalten von komplexen Systemen kann mit diesen Ansätzen viel besser eingeschätzt werden als durch eine aufspaltende Wissenschaft, die in die Gefahr der Zersplitterung und Verirrung läuft.

Bei der verwandten Chaostheorie hat der Flügelschlag eines Schmetterlings bekanntermaßen eine Auswirkung auf das Feld der ganzen Welt. Ja, er kann sogar einen Sturm auslösen. Dieses Phänomen des Domino-Effektes können wir in der heutigen, medial geprägten Zeit ganz besonders beobachten.

Auch hier gilt wieder der Grundsatz der Konnektivität oder der Abspaltung. Nach den Hermetischen Gesetzen werden diese Gedankengänge verständlich. Alles ist mit allem verbunden, und Geist wirkt hinter allem.

In der *Systemischen Therapie* werden diese Systeme mit den komplexen Verbindungen und Zusammenhängen bis in weit zurückliegende Generationen durch Personen (Statisten) aufgestellt. Die unterliegenden Energiefelder sind zeitlich nicht aufgehoben, sie können immer noch Wirkung zeigen. Deshalb können diese Felder erfühlt sowie körperlich und gedanklich ausgedrückt werden.

Nichts ist statisch, die offengelegten Felder kommen in Bewegung und können somit transformierend zurechtgerückt und neu eingeordnet werden. Dies geschieht zum Beispiel durch die große Kraft der Verzeihung, einen Akt der Liebe. Die Heilung einer Familie oder einer Person kann nun stattfinden. Da es offene Systeme sind, wirkt die Heilung nicht nur in zurückliegende und kommende Generationen, sondern auch ins Kollektiv der Menschheit.

Systemisch aufgestellt werden können nicht nur Familiensituationen, sondern jegliche komplexe Situation. Zusammenwirkende Systeme, wie die Organe unseres Körpers und ihre Krankheiten, sind ideal, um systemisch ergründet zu werden. Aber auch die Körper-Seele-Geist-Einheit kann so untersucht werden, um eine allfällige Disharmonie sichtbar zu machen und zu verändern.

In der Biokybernetik oder der Bionik werden Phänomene aus der Natur beobachtet und auf technische Systeme übertragen. Nun ist es aber so, dass die Natur unserem technischen Wissen haushoch überlegen ist und noch einiges von der Pflanzen- und der Tierwelt zu lernen ist. Kurt G. Büchel schreibt, dass noch ungeahnte Fähigkeiten und Strategien, weitgehend unerforscht und unbekannt, im „Patentamt Natur" verborgen seien. Viele Tiere bauen stabile Konstruktionen aus ultraleichtem Material. Sie navigieren nach magnetischen Feldern, orientieren sich an kosmischen Einflüssen der Sterne, managen Millionenvölker und hochkomplexe Strukturen nahezu perfekt. Sie können kilometerweit Duftmoleküle, Giftstoffe und Vulkanausbrüche auf das Genaueste erspüren. Kein synthetisierendes Labor, keine Computertechnik, keine noch so hochleistungsfähige Software kann mit dem Erfindungsreichtum der dreieinhalb Milliarden Jahre Evolution der Natur konkurrieren.*

* Kurt G. Büchel / Helge Sieger, *Krisen Managerin Natur*, München 2009 S. 29, S. 34 - 35

In Zukunft wird sich kein Unternehmen dem ganzheitlichen Denken entziehen können, sei es in der Wirtschaft, der Medizin und oder in einem anderen, dem Menschen dienenden Bereich. Eine Haltung der Nachhaltigkeit und Ethik der gesamten Natur und dem Menschen gegenüber ist unverzichtbar. Die Natur zu beherrschen sowie Raubbau an ihr und den Menschen zu betreiben, ist ein längst fälliges Auslaufmodell. Forschung sollte nicht dem Zweck dienen, die Natur zu beherrschen, sondern dem, von ihr zu lernen.

III.

Die Signatur des Menschen

a. Physiologische Grundlagen

Die ältesten Medizinlehren, darunter die Traditionelle Chinesische Medizin und der Ayurveda, messen dem Studium der Typologie eine große Bedeutung zu. Bei diesem Ansatz verbindet die Medizin noch den Körper mit der Psyche des Menschen. Verhaltensweise und die unterschiedlichen Bedürfnisse des Menschen sind relevant. Die Krankheitssymptome sind eher sekundärer Natur und stellen eine kompensative Situation dar, eine nicht dem Typus entsprechende Verhaltens- und Lebensweise. Es versteht sich, dass diese für eine anhaltende Heilung geändert werden müssen. Im Laufe des Lebens prägt die energetische Signatur die Physiologie und Physiognomie des Menschen immer mehr, und die darunterliegende Energie wird somit sichtbar.

b. Die Humores

Die heutige Konstitutionslehre hat ihren Hintergrund in der griechischen Antike. Die Vier-Elemente-Lehre und die Lehre der menschlichen Säfte, die Humoral-Lehre, gehen auf die Hippokrates-Schule und Galenos von Pergamon (ca. 130–200 n. Chr.), genannt Galen, zurück. Galen fasste das gesamte medizinische Wissen seiner Zeit in ein beachtliches Werk. In der Humoralpathologie ist das Gleichgewicht der vier Säfte: Blut, gelbe Galle, schwarze Galle und Schleim von großer Bedeutung. Die vier Säfte prägen in derselben Reihenfolge den Sanguiniker, den Choleriker, den Melancholiker und den Phlegmatiker.

Die Vier-Säfte-Lehre ist ebenso verbunden mit den vier Lebensphasen und den vier Elementen Luft, Feuer, Erde und Wasser. Alle großen Heilungsrichtungen, auch die Traditionelle Chinesische Medizin und der Ayurveda, basieren auf ähnlichen Grundsätzen. Die Homöopathie hat den Grundsatz der Typologie als *Konstitutionslehre* in ihr System übernommen.

Interessanterweise wird die Humoral-Lehre in den Ausbildungen der Traditionellen Europäischen Naturheilkunde seit Kurzem wieder gelehrt. Sie bietet als Denk- und Arbeitsmodell einen wichtigen Mosaikstein in der ganzheitlichen Betrachtung des Menschen.*

c. Der große Paracelsus (1493-1541)

Paracelsus, der berühmte Arzt aus dem 16. Jahrhundert, hat nicht nur die Humoral-Lehre weiterentwickelt, er inkludierte die Signaturen-Lehre und plädierte für die Hermetischen Gesetze. Das Studium der Philosophie, Alchemie, Astrologie und der Sozialethik prägte nebst einem Grundstudium der Medizin seine ganzheit-

---

* Literaturempfehlung: Friedemann Gravelmann / Christian Raimann, *Humoralmedizinische Praxis*, Schiedberg 2016

lichen Ansichten. Nach Paracelsus muss die Medizin auf Natur- und Gotteserkenntnis basieren. Er erkannte den Zusammenhang zwischen dem Individuum und dem Universum, zwischen Makrokosmos und Mikrokosmos. So sollte der Arzt, aber auch der Patient stetig nach Höherem streben und sich weder physisch noch psychisch vergiften. Mit Paracelsus berühmter Aussage: „Alle Dinge sind Gift, nichts ist ohne Gift; allein die Dosis macht, dass ein Ding kein Gift ist“, war die Toxikologie geboren.

Die *Tria Principia*, die drei Prinzipien der Alchemie, entsprechen den drei philosophischen Elementen. Sie sind ein wichtiges Konzept der Paracelsus-Lehre und ergänzen die Vier-Elementen-Lehre. Die drei Prinzipien sind *Sal, Sulphur* und *Mercurius*. Das Salz steht für das formgebende, feste Prinzip der Erde und der Materie. *Sulphur*, der Schwefel, steht für das Feuer, er ist das prozessierende, transformierende Prinzip und steht für die Seele. *Mercurius*, das Quecksilber, steht für das Element Luft, es ist das bewegliche Prinzip und steht für den Geist.

Es handelt sich hierbei um Prozesse, die bei der Verarbeitung, von Materie entstehen. Als Beispiel nennt Paracelsus das Holz. „Dieses Holz ist ein Körper. Wird es verbrannt, so ist das, was brennt, der Schwefel, der Rauch, das Quecksilber und das, was zur Asche wird, ist das Salz.“ Paracelsus ordnet *Sal* dem Körper, *Sulphur* der Seele und *Mercurius* dem Geist zu. Die der Natur innenwohnende Wesenskraft entspricht der Seelenebene des Menschen und soll im Heilmittel nebst den materiellen Wirkstoffen erhalten bleiben.

Unter diesem Kontext der drei Prinzipien wendet der große Arzt des Mittelalters spagyrische Pflanzenheilmittel an, welche ganzheitlich die innere, heilende Kraft der Körper-Seele-Geist-Einheit fördern. Ebenso finden wir im alchemistischen Grundsatz das Prinzip der Erhöhung, das Streben nach Höherem. Paracelsus Spagyrik trennt Falsches vom Gerechten, erhöht dies und vereinigt es wieder. Bei diesem transformativen Zubereitungsprozess der Heilmittel entsteht eine erhöhende Synthese, die mehr ist als die Einzelteile des Grundstoffes. Dazu braucht es nebst der richtigen Verarbeitung auch die entsprechende Haltung des Naturmittel-Herstellers und des mystisch-alchemistischen Arztes. Wahre Heilmittel geben den Anreiz zur Entwicklung der im Menschen innewohnenden körperlichen, seelischen und geistigen Selbstheilungskräfte.

In seinem Werk „Opus Paramirum" schreibt Paracelsus: „Der ist ein Arzt, der das Unsichtbare weiß, das keinen Namen hat, keine Materie und doch seine Wirkung." Seine Signaturen-Lehre wurde lange Zeit auf die den Pflanzenteilen entsprechenden Formen der Organe reduziert. Die Walnuss entspräche demzufolge dem menschlichen Schädel. Die Genialität von Paracelsus wäre mit dieser einfachen Erklärung leider verkannt. Paracelsus hat hinter den Erscheinungen der Signaturen das Wesenhafte, die Seele der Pflanzen, erkannt. Nebst den Wirkstoffen (*Sal*) ist dieses Prinzip das ergänzende (*Sulphur*) für die Seelenebene. Die Information des Heilmittels (*Mercurius*) entspricht dem Prinzip des Geistes und rundet diese Trinität ab.

Paracelsus hat die Grundlagen für die heutige Naturheilkunde gelegt. Sie lehrt die Homöostase, die Selbstheilungskräfte und die Resilienz. Sie sieht den Menschen als Körper-Seele-Geist-Einheit. Ein wahrer Heiler, mit einer edlen inneren Haltung, wendet erhöhende Heilmittel an und dient so dem Menschen ganzheitlich und langfristig. Ein wahrer Heiler wird seinen eigenen Entwicklungsweg durchschreiten.

Das „Hörensagen ist die einte Quelle des Wissens“, damit meint Paracelsus „die Lehre“, das Studium; die zweite Quelle, die „Erfahrung“, nennt er blind, da sie nicht automatisch zur Erkenntnis der inneren Zusammenhänge führt. Das Erfassen der „Signatur“ ist jedoch für Paracelsus die Quelle der höchsten Erkenntnis.

Durch Nachahmung und Unkenntnis der geistig wirkenden Gesetze oder sogar einer unsachlichen Verarbeitung und Trennung der Wirkstoffe von ihrem Wesen wird dieser Weg in der Pharmaindustrie leider oft abgekürzt. Das Missverständnis zwischen Schulmedizin und Naturheilkunde beruht auf der Nicht-Anerkennung der feinstofflich wirkenden Ebenen, die da sind: Die Ebene der Information und die Wesensebene. Die wissenschaftliche Schulmedizin misst nur der materiellen Ebene, bei den Pflanzen sind dies die chemisch erfassbaren Wirkstoffe, Bedeutung zu. So wird in stundenlangen Podiumsdiskussionen gestritten und aneinander vorbeigeredet. Es werden buchstäblich zwei Sprachen gesprochen. Diese Diskrepanz kann ganze Familien auseinanderreißen, wenn es um die Behandlung von lebensbedrohlichen Krankheiten geht. Das beste Rezept ist ein sowohl als auch. Die Kooperation, an Stelle von der Trennung, ist auch da der goldene Weg der Mitte.

d. Die feinstofflichen Ebenen

Nebst unserem grobstofflichen Körper besitzen wir diverse, zum Teil fühlbare, aber für das Auge nicht sichtbare feinstoffliche Körper. Die Summe der feinstofflichen Körper nennen wir die Aura des Menschen. Das Wissen über die Aura wurde uns durch hellsichtige Menschen oder durch die indische Lehre zugänglich gemacht. Der physische Körper wird durch seine Aura definiert und kann niemals nur im körperlichen Bereich mit Medikamenten und chirurgischen Eingriffen geheilt werden. Bei einer notwendig gewordenen Organentfernung ist es sehr ratsam, sich gedanklich liebevoll von dem Organ zu verabschieden und sich für seine Dienste zu bedanken. Es geht darum, ein Bewusstsein für das System Körper und die Ursache für die Entgleisung und/oder die morphologische Veränderung zu erlangen. Den Willen zu haben, diese Ursachen zu verändern, ist essenziell. Es ist die Aufgabe des Therapeuten oder Heilers, den Menschen an diese Prinzipien heranzuführen.

Im Bereich der geistigen oder energetischen Heilung lenkt man den Fokus primär auf den feinstofflichen Körper. Der Heiler ist sich bewusst, dass der physische Körper die Handschrift des ihn prägenden ätherischen Körpers trägt, welcher seine Matrix ist. Die feinstofflichen Ebenen sind signaturgebend für den physischen Körper des Menschen. Für Praktizierende im Bereich des energetischen Heilens oder der Informations-Medizin ist ein Grundlagenwissen über die Aura unverzichtbar. Wenn man in diesen Bereichen „arbeitet", geht es darum, um die Wiederherstellung der göttlichen Ordnung zu bitten oder, mit einem anderen Ansatz, Ordnung, respektive Gesundheit zu visualisieren. Es ist viel weniger ein Tun, wie wir es von der Arbeit am physischen Körper kennen, als ein gedankliches Herbeiführen.

Ist die Signatur des Menschen ordnend und strukturierend, wirken diese Kräfte systemisch. Mit dem Prinzip der Resonanz wird das Umfeld ebenfalls gesünder und harmonischer. Studien im Bereich der Epigenetik, wie jene von Bruce H. Lipton*, belegen, dass vielmehr das Umfeld und nicht nur die genetischen Faktoren den Menschen definieren und steuern. Somit haben wir es jederzeit in der Hand, uns in die Freiheit und in die Veränderung zu begeben, indem wir ein passendes und gesundes Umfeld als Lebensraum auswählen.

Schauen wir uns nun die verschiedenen feinstofflichen Körper oder Ebenen etwas genauer an:

1. Der Ätherkörper ist der energetische Körper, der direkt dem physischen Körper anliegt, ihn und jede Zelle durchdringt. Auf ihm befinden sich energetische Zentren, die Chakras, sowie die Meridiane mit ihren Akupunkturpunkten.

Dieser Körper ist noch gut spürbar, man könnte ihn auch als den Empfindungskörper bezeichnen. Auf dieser Ebene nimmt man alle physischen Empfindungen wahr, sowohl die angenehmen als auch die schmerzhaften. Diese Tatsache erklärt die sogenannten „Phantomschmerzen", die trotz der Entfernung eines Körperteils diesen noch spüren lassen. Der Ätherleib ist das exakte Abbild des physischen Körpers und wird zu dessen wichtiger Signatur.

---

* Bruce H. Lipton, *Intelligente Zellen, Wie Erfahrungen unsere Gene steuern*, Burgrain 2007

Der Ätherleib hat die Aufgabe, vitale Energie *(Prana)* aufzunehmen und im gesamten physischen Körper zu verteilen. Energiequellen für diese Lebensenergie sind die Nahrung, aber auch die Äthersubstanz aus der Natur selbst sowie körperliche Übungen aus dem Tai-Chi oder dem Yoga. Die Hauptenergiekanäle befinden sich in der Wirbelsäule; durch gezielte Atem- und Bewegungsübungen werden diese Kanäle stimuliert. Den Organen kann dadurch ätherische Energie zugeführt werden. Mit der Ernährung nimmt der physische Körper die notwendigen Vitamine, Mineralien, Aminosäuren, Enzyme, Eiweiße und Kohlenhydrate zu sich. Der Ätherleib hingegen lädt sich mit den in den Lebensmitteln enthaltenen Biophotonen auf. Auf diese Art und Weise funktioniert das Fasten und die sogenannte *Lichtnahrung*. Aber auch mit Liebesgefühlen oder anderen erbaulichen Empfindungen aus den höheren Ebenen lädt sich der Energiekörper spürbar auf. Mentales Training und Meditation energetisieren den Ätherleib ebenso.

Nach dem englischen Theosophen Arthur E. Powell (1882-1969) dient der Ätherleib in zweiter Linie als Brücke zwischen dem grobstofflichen Körper und dem Astralkörper. Physische Sinneskontakte werden vom *ätherischen Hirn* in den Astralkörper übermittelt, umgekehrt wird Bewusstsein aus der Astral- und den höheren Ebenen in das physische Gehirn und das Nervensystem hinuntergebracht.*

Aus der systemischen Sicht ist die von Aura-Kundigen wie Arthur E. Powell und Dora Kunz** beschriebene Tatsache hochin-

---

* Arthur E. Powell, *Der Ätherkörper*, Grafing 2013

** Dora Kunz, *Die Aura*, Grafing 1994

teressant, dass unsere persönlichen feinstofflichen Körper mit den feinstofflichen Ebenen der Schöpfung verbunden sind. Diese Tatsache macht auch das hermetische Gesetz der Entsprechung nachvollziehbar: „Wie im Großen, so im Kleinen." „Wie innen, so außen." Der Austausch findet immer über beide Wege statt, einerseits beziehen wir Menschen Lebensenergie aus einem Aufenthalt in der Natur, andererseits freut es die Naturwesen, wenn wir sie wahrnehmen und ihnen gebührende Achtsamkeit schenken. Mit der Yoga- und der kontemplativ, meditativen Praxis fördern wir unsere Wahrnehmung dahingehend, dass wir zunehmend sensitiver werden, um die Ätherebene der Natur mit dem inneren Auge zu „sehen". Der Austausch mit der belebten Natur kann aber auch auf eine intuitive Art und Weise stattfinden. Intuition bedeutet ein Wahrnehmen mit mehreren inneren Sinnen, welches zu einem inneren Wissen führt. Bei einer Bergwanderung kann der seelisch offene Mensch in Verschmelzung mit der Energieebene der Natur treten.

Die Pflege und die Gesunderhaltung des energetischen und des physischen Körpers bildet die Grundlage für jede weitere spirituelle oder schöpferisch-kreative Entwicklung. Die Aufladung des Ätherleibes mit „Kraftstoff" für den physischen Körper ist die Absicht der meisten Naturheilverfahren. Angefangen bei der Methode des Johann Sebastian Kneipp bis hin zum Ayurveda, zur Traditionellen Chinesischen Medizin (TCM) und zu den Ausleitverfahren der Traditionellen Europäischen Naturheilkunde (TEN). Alle Bestrebungen dieser Methoden zielen auf die Vitalisierung des Stoffwechsels ab, somit auf die Entgiftung des energetischen und physischen Körpers.

Homöopathische Mittel, *Schüssler-Salze* und Bachblüten zeigen ihre Wirkung im Ätherleib. Mit ihren Informationen geben diese Mittel Impulse in den ätherischen Körper, der wiederum den physischen Körper beeinflusst. Diese Heilmittel haben eine hervorragende Wirkung im regulatorischen Bereich. Als Beispiel sei hier das Schüssler-Salz *Ferrum Phosphoricum* erwähnt. Dieses Mittel vermag der Zelle nicht direkt Eisen zuzuführen, gibt dieser aber den Impuls, vermehrt Eisen aus der Nahrung einzulagern.

Der Fokus der Naturheilkunde ist immer tiefer, auf die Ursachen der Symptome gerichtet. Gerade in der Traditionellen Chinesischen Medizin geht es um die Erfassung der den Symptomen unterliegenden systemischen Regelkreise. Diese Regelkreise wiederum sind den fünf Elementen zugeordnet, denen man alle Dinge, die wir im menschlichen Umfeld finden, unterordnen kann. Somit muss für eine ganzheitliche Heilung immer auch die richtige Ernährung, der Aufenthalt im passenden Klima, die erfüllende Arbeit und Freizeit sowie der wohltuende soziale Austausch miteinbezogen werden. Wenn es um vegetative und hormonelle Entgleisungen geht, ist die Naturheilkunde der oft lebenslangen medikamentösen Substituierung vorzuziehen. Dies gilt natürlich nicht, wenn morphologische Veränderungen oder lebensbedrohliche Situationen vorhanden sind.

Bei den diversen Methoden, die mit Körperarbeit durch Berührung verbunden sind, geht es darum, gestaute Lebensenergie wieder in den Fluss zu bringen oder geschwächte Stellen zu vitalisieren.

Bei der inneren Arbeit in der psychologischen Begleitung geht es ebenso darum, den Menschen energetisch wieder in den Fluss mit seinen Lebenskräften zu bringen. Im besten Falle übernehmen die Selbstheilungskräfte des Hilfesuchenden wieder diese „Arbeit". Wieder im Einklang mit seiner Seele, kann er seine Potenziale entwickeln und in sein Leben einfließen lassen.

2. Der Astralkörper ist der Sitz der Gefühle oder der Emotionen.

Farbige feinstoffliche Wolken, die ständig in Bewegung sind, zeichnen den Emotionalkörper aus. Er durchdringt sowohl den physischen Körper mit all seinen Organen als auch den Ätherkörper. Seine Struktur ist bereits viel feinstofflicher als die des ätherischen Körpers.

Der Begriff *Astralkörper* kommt aus der theosophischen Tradition. Aus ihrer Sicht ist die Astralebene auch der Ort, wo sich Geister oder körperlose unerlöste Seelen aufhalten. Auch im Zusammenhang mit Besetzungen wird diese Ebene angesprochen. Dante Alighieri in seiner *Göttlichen Komödie,* Johann Wolfgang von Goethe in seinem *Faust* und Rudolf Steiner haben sich eingehend mit dem Einfluss der niederschwingenden Astral-Ebene (Geisterebene) und der höheren Astralebene (Geistesebene) auseinandergesetzt.

Der Begriff Emotionalkörper ist unverwechselbarer, er bezeichnet die Ebene unseres Gefühlslebens. Wenn wir hier von Gefühlen sprechen, sind nicht körperliche Empfindungen gemeint, sondern Gefühle, die uns berühren und bewegen, etwa Freude, Trauer, Wut, Eifersucht oder Verliebtheit. Je positiver und eindeutiger Gefühle wie Freude, Liebe oder Fröhlichkeit gelebt werden, desto klarer und heller erstrahlt der Emotionalkörper in den jeweiligen Farben aus dem Spektrum des Regenbogens. Helle farbige Energiewolken weisen auf positive, dunkle, schmutzige auf negative Gefühle hin. Angst, Hass oder Ärger zeigen sich in trüben, düsteren Farben. Werden Gefühle unterdrückt, wird auch der Energiefluss des Emotionalkörpers unterbrochen, und es entstehen dunkle, schmutzige Energiefelder. Auch in den benachbarten Aura-Schichten kann das zu einer energetischen Stagnation führen.

Ist der Emotionalkörper stark und aufgeladen, liebt und achtet man sich selbst, fühlt sich wohl, hat ein intensives Gefühlsleben und ein gutes Selbstwertgefühl. Ist er hingegen schwach und zu wenig aufgeladen, ist der Betreffende zu keinen intensiven Gefühlen fähig oder hält sie in der Verdrängung fest.

Eine gesunde Entwicklung des Gefühlskörpers im Baby-Alter und später auch im Alter der Pubertät ist enorm wichtig für ein erfülltes Leben. Ein Defizit kann zu einem Leben mit einem Mangel an Gefühlsempfindungen führen. Es sei der Zusammenhang zwischen dem Gefühlskörper und unserem Hormonsystem erwähnt. Ein ausgeglichenes Gefühlsleben hat positive Auswirkungen auf unseres Hormonsystem. Ein von starkem Verlangen oder sogar von Sucht geprägter Mensch verspürt den Wunsch, seine Glückshormone mit entsprechenden Substanzen oder Betätigungen dauernd zu stimulieren. Emotionale Abhängigkeiten lassen feinstoffliche Bänder entstehen. Durch das Zerreißen dieser Bänder können buchstäblich *herzzerreißende* Trennungsschmerzen oder bei der stofflichen Sucht ein Zerren empfunden werden.

Ein von der Seelenebene her erfüllter Emotionalkörper hingegen löst weniger physische Bedürfnisse aus. Der Hunger nach Glücksempfinden ist auf der feinstofflichen Ebene gestillt. Nach einer erfüllenden Yoga-Stunde oder nach einem klassischen Konzert hat man meistens weniger Appetit auf Nahrung. Unser Essverhalten kompensiert oft eine innere Leere. Wie heißt es doch so treffend: „Liebe geht durch den Magen."

Auch auf dieser Ebene ist es eine Tatsache, dass die persönlichen Gefühle mit der kollektiven Gefühlswelt der Menschheit vernetzt sind. Denken wir an die Stimmungen der hohen christlichen Feiertage, wie beispielsweise Weihnachten, mit ihrer freudig-feierlichen Prägung. Karfreitag hingegen ist mit der Empfindung des großen Leidens verbunden. Können wir an diesen Tagen nicht auch selber veränderte persönliche Gefühlslagen wahrnehmen? Bei Menschen mit der Tendenz zu Melancholie besteht die Gefahr, in einen kollektiven Weltenschmerz abzutauchen. Menschen mit vorhandenen Suchtstrukturen können sich an mit Suchtenergie aufgeladenen Orten diesen kaum entziehen. Darum tut ein „Tapetenwechsel" gut, wenn wir einer inneren Stimmung überdrüssig geworden sind.

Die Aroma-Therapie sowie die Anwendung von *Aura-Soma* sind die Wahlmethoden für die Gefühlsebene. Unser Geruchssinn, ein uralter Sinn, der für unsere Vorfahren überlebensnotwendig war, steht in direktem Zusammenhang mit unseren Gefühlen. Düfte werden über die Nase zu den Riechzellen ins *limbische System*, welches im Ur-Hirn liegt, weitergeleitet. Das limbische System ist der körperliche Sitz der Emotionen. Eintreffende Duftinformationen erzeugen im limbischen System ein unverwechselbares

Gefühl, welches nicht der Kontrolle des Denkens (Großhirnrinde) unterliegt. Je nach Geruch kann dieser Freude, Angst, Ekel oder Wohlbehagen erzeugen. Gerüche, ob unterschwellig oder erkennbar wahrgenommen, werden nicht von der Vernunft kontrolliert. Das Großhirn überwacht sie nicht, sondern leitet sie unmittelbar an das limbische System weiter, welches zuständig ist für Emotionen wie Angst, Sex- und Glück. So nimmt der Geruchssinn Einfluss auf unsere Emotionen. Diese Emotionen steuern auf der bewussten und unbewussten Ebene unsere Entscheidungen und Handlungen. Zum Beispiel, ob wir *jemanden riechen können* oder nicht, ob wir Dinge mögen oder nicht.

Düfte wecken Erinnerungen in uns. Einige Gerüche versetzen uns sofort in unsere Kindheit zurück. Der Sitz des Gedächtnisses liegt im so genannten *Hippocampus*, in unmittelbarer Nachbarschaft des limbischen Systems. Hier entstehen vor unserem inneren Auge die Bilder, die der jeweilige Duft heraufbeschwört. Gefährliche Düfte wie Brandgeruch oder Modergeruch warnen uns ein Leben lang. Aber auch Düfte, mit denen uns ein schönes Ereignis verbindet, werden uns ein Leben lang, jedes Mal, wenn wir den Duft riechen, an dieses schöne Ereignis erinnern.

„Der Geruchssinn ist der Sinn
der Erinnerung und des Verlangens."

Jean Jacques Rousseau (1712 – 1778)

3. Der Mentalkörper ist geprägt durch unsere Gedanken und Gedankenkonzepte.

Der Mentalkörper schließt am Emotionalkörper an und durchdringt gleichzeitig alle darunterliegenden Schichten. Dieser Körper steht mit der Welt der Gedanken in Beziehung und verändert sich mit ihnen. Befindet sich ein Mensch in tiefer Konzentration, wird das Gelb des Mentalkörpers heller und dehnt sich aus. Je klarer und präziser die Gedanken sind, desto klarer ist auch die Form des Mentalkörpers.

Ein Architekt lässt ein Überbauungs-Konzept zuerst im mentalen Bereich entstehen, bringt es dann zu Papier und später in die physische Realität. Ebenso können wir mit Gedankenkraft Situationen und Dinge ins Leben ziehen, sie sozusagen „materialisieren". Eine Zukunftsvision planen wir mit der Kraft unserer Gedanken. Zuerst entsteht ein Gedanke, dann ein Bild. Wird diese Zukunftsvision mit Wünschen „angereichert", verbindet sich der mentale mit dem emotionalen Anteil und befeuert so eine Vision zusätzlich auf der Gefühlsebene. Eine Zukunftsvision wird regelrecht in der Aura getragen werden, bis sie zur Manifestation kommt.

Man kann dem Mentalkörper Energie zuführen, indem man sich immer wieder auf bestimmte Gedanken konzentriert. Dabei kann man den physischen Körper und den ihn umgebenden Energiekörper nachhaltig beeinflussen, und zwar in beide Richtungen: Positive Gedanken stärken und negative Gedanken schwächen den physisch-energetischen Körper. Auf diese Art und Weise kann man sich auch selber durch Visualisation und Gedankenkraft heilen.

Wenn der Mentalkörper gesund und in Balance ist, können Intuition und Rationalität gut kooperieren, und man erlebt innere Klarheit und Ausgeglichenheit. Die Freude am Lernen ist vorhanden. Ist der Mentalkörper jedoch schwach und ungenügend aufgeladen, besteht oft kein besonderes Interesse am Lernen oder an anderen intellektuellen Betätigungen.

Das Hirn ist ständig aktiv und hat die Aufgabe, irgendwelchen drohenden Gefahren aufzulauern. Tausende zum Großteil unbewusste Gedanken fluten unser Hirn Minute für Minute. Die Hirnforschung ist durch Studien und bildgebende Verfahren weiter fortgeschritten denn je. Von Studien an der Harvard Universität weiß man, dass reine Gedankenkraft sich direkt auf den Körper auswirkt. Man erzählte der Hälfte einer aus Zimmermädchen bestehenden Testgruppe, dass durch ihre Arbeit genügend körperliche Bewegung vorhanden sei, der anderen Gruppe sagte man nichts. Schon nach vier Wochen verloren die Frauen der ersten Gruppe im Durchschnitt achthundert Gramm Körpergewicht, die andere Gruppe zeigte keine Gewichtsveränderung.

Was gedacht wird, das aktiviert die entsprechenden Hirnregionen. Man weiß, dass Menschen mit körperlicher Beeinträchtigung allein durch mental ausgeführte Yoga-Übungen an Muskelmasse zugenommen haben. Die Kraft der Gedanken hat ein riesiges Potenzial zur Gesunderhaltung oder zur Selbstheilung. Das, was ich denke, schüttet auch dementsprechende Glückshormone aus. Eine täglich in die Meditation eingebaute Dankbarkeitsübung wirkt sich positiv auf die Zufriedenheit aus. Achtsamkeits-Training hilft, den Gedankenfluss zu unterbrechen und eine allzu kritische Selbstwahrnehmung durch ein aufbauendes Selbst-Mitgefühl zu ersetzen.

Die Aufgabe der Tiefenpsychologie ist es, unsere innere unbewusste Gedankenwelt zu erforschen und alte, jetzt nicht mehr dienliche, hindernde Sabotage-Programme zu erkennen. In einem zweiten Schritt sind diese alten Denkmuster in die Bibliothek der eigenen Vergangenheit einzuordnen. Damals waren diese Gedanken überlebenswichtig, heute sind sie aber hinderlich geworden. Als nächster Schritt ist die Frage zu stellen: Was brauche ich jetzt? Was hilft mir jetzt? Diese Antworten sind oft einfach, direkt und nachvollziehbar. Antworten sind Bedürfnisse wie Ruhe, Zuwendung, Gehalten-sein, Liebe, Anerkennung, Zugehörigkeit oder Lob. Ich ermuntere meine Klienten während der psychologischen Begleitung, diese Bedürfnisse direkt zuzulassen und sie sich selbst zu geben. Das Resultat ist das Ausbreiten einer umfassenden Entspannung auf allen Ebenen, innere Weite, Stille und Wohlbefinden.

Zusammenfassend bleibt zu erwähnen, dass für die therapeutische Arbeit die Kenntnis und die Erforschung der drei Felder des Energie-, Gefühls- und Mentalkörpers sehr wichtig sind.

Sind die ersten drei feinstofflichen Körper im Gleichgewicht, fühlt man sich sicher und lebt in Übereinstimmung mit der Umwelt und der eigenen persönlichen Kraft. Gedanken beeinflussen unsere Gefühlswelt, aber auch unsere physische Gesundheit. Sie treten in Resonanz mit dem Leben und prägen so unseren Lebensstil. Umgekehrt kann man an der Lebensart die Gedanken eines Menschen ablesen. Gedanken sind starke Signaturen: Für unseren Körper, für unser Gemüt und letztlich für unser Leben.

4. Im Seelenkörper befindet sich der Schlüssel zur Herzensliebe zu allen Wesen und die Verbindung zur eigenen Seele.

Die Liebe ist ein wichtiger Bestandteil unseres Daseins. Man beachte den Unterschied zwischen emotionaler Liebe, die eher dem hormonellen „Ver-liebt-sein“ entspricht, und der reinen Herzensliebe. Je mehr ein Mensch sich selber liebt und mit seiner Seele im Einklang lebt, desto fähiger ist er, Liebe und Mitgefühl für alle Wesen zu empfinden. Herzensliebe lässt los und will das Beste für den Anderen. Sind zwei Menschen in tiefer Liebe miteinander verbunden, spannt sich ein Bogen von rosafarbenem Licht zwischen ihren Herz-Chakras. Die Bezeichnung „Liebesband“ ist daher wörtlich zu nehmen. Aura-Sichtige können diese „Bänder von Herz zu Herz“ sehr gut wahrnehmen. Je tiefer die Beziehung ist, desto mehr Bänder entstehen und desto stärker werden sie.

Sind die ersten drei feinstofflichen Ebenen geklärt, ist der Zugang zur eigenen Seele geöffnet. Die feinstoffliche Hülle ab dieser Ebene ist unsterblich. Während des Lebens durch die Silberschnur verbunden, lösen sich der Seelenkörper und die höheren geistigen Körper *(Kausalkörper)* nach dem Tod aus dem Körper heraus und wandern zurück zur unsterblichen Seele.

Die Seele ist das Wesenhafte, das einen Menschen ausmacht. Je stärker dieses Wesenhafte einen Menschen durchstrahlt, desto harmonischer und anziehender wirkt er. Ziel in der therapeutischen Tätigkeit ist es, den Menschen zu seiner Seelenebene zurückzuführen, ganz im Sinne des englischen Arztes Edward Bach. Lebt der Mensch im Einklang mit seinem der Seele entsprechenden Wesen, ist er glücklich und gesund. Es ist die Basis für die Entwicklung seiner persönlichen und überpersönlichen Fähigkeiten. In dem Sinne bezeichne ich gerne die Seele als ein unantastbares, schon gesund seiendes Energiefeld. Mit dieser Sichtweise erkrankt der Mensch nicht an der Seele selbst, sondern an der Verschüttung des Zugangs zu derselben. Aus dem Lot geratene Emotionen und ungesunde, dem Materialismus verfallene Ego-Strukturen sind es, die krankmachen. Diese Ego-Strukturen kommen aus weit tieferen Ebenen der Persönlichkeit und trennen diese regelrecht von der Seele ab.

Es ist sehr hilfreich, sich die Aura-Felder als dreidimensional vorzustellen: Das dritte Element ist immer die Erhöhung, die Entwicklung, die Durchlichtung. Diese Erhöhung zu erreichen, gilt es, denn eines Tages werden wir die materielle Ebene und unseren Körper verlassen.

5. Der Christuskörper – die Ebene des höchsten Liebesbewusstseins

Es ist jene Ebene, in der menschliche Wesen „geistige Ekstasen“ erfahren und spüren können, dass sie mit dem gesamten Universum verbunden sind. Dieser Zustand kann durch lange geübte Meditation oder andere Transformationsmethoden erreicht werden. Die östliche Welt nennt es Nirvana.

Dieser Zustand ist mit tiefer, heilender Ruhe, mit bedingungsloser spiritueller Liebe, Freude und Glückseligkeit erfüllt. Eine tiefe innere Verbundenheit mit allen Menschen und allen anderen Geschöpfen, eine Verschmelzung mit der Natur wird dabei empfunden. Dieser Körper wird auch oft *Christuskörper* genannt. Auf geistlichen Darstellungen ist dieser erleuchtete Zustand durch den Heiligenschein gekennzeichnet.

6. Die transpersonale, kausale Ebene

Transpersonal bedeutet: Über das Persönliche hinausgehend. Der Körper aller Ursachen oder der *Kausalkörper* wirkt sich auf die Beschaffenheit und Form der unteren Aura-Ebenen aus. Er enthält den ursächlichen Lebensplan mit dem Dharma und dem Karma. Hier sind Spuren vergangener Leben als farbige Lichtbänder, die ein goldenes Gitter ergeben, sichtbar. Die Themen sind auf dieser Ebene: Erkenntnis, Weisheit und tiefe Intuition. Mit dem zugehörigen Kronen-Chakra ist der Endpunkt der aus dem Wurzel-Chakra aufsteigenden *Kundalini*-Energie angezeigt.

Diese Ebene entspricht der göttlichen Weisheit. Kann man das Bewusstsein in diese Ebene anheben, ist man an das göttliche Wissen angeschlossen und fühlt sich als Teil davon. Manchen Menschen ist dies bereits gelungen, sodass sie Zugang zu Informationen haben, die mit normalen Sinneswahrnehmungen nicht erfahrbar sind. Der Zugang zu dieser Ebene ist wohl über das *Höhere Selbst* (Roberto Assagioli) zu erreichen. Es ist der Zugang zu schöpferischen Ideen und neuen Erkenntnissen, zu Wahrheiten über die eigene Existenz und über das Universum.

Auf dieser Ebene ist der Mensch mittels seiner wahren Essenz mit der Göttlichen Schöpfung verbunden. Es ist das höchste Bewusstsein, welches den Menschen in die totale Freiheit entlässt, selber Schöpfer zu sein, in Einklang mit allem, was ist. Hier ist er sich des Göttlichen Funkens in sich bewusst. Sein Geist ist erwacht. Hier erkennt der Mensch, dass er ein Tropfen im großen Ozean der Schöpfung ist.

e. Die Entwicklung des Charakters

Unsere persönliche Entwicklung ist von außen her durch das umgebende Milieu geprägt. Von innen her beeinflusst jedoch die physiologische Entwicklung des Hirns die psychologische Kapazität des neuen Erdenbürgers. Den ersten Lebensmonaten kommt eine besondere Bedeutung zu, wo Babys am sensibelsten auf Unregelmäßigkeiten wie Traumata, Trennung von ihren Bezugspersonen oder deren Unpässlichkeit reagieren. Auch frühkindliche operative Eingriffe oder der Start des Lebens in einer Isolette, bei einem Frühgeborenen, gelten psychologisch als traumatische Ereignisse. Je jünger ein Kind ist, desto zarter ist sein Kern, desto größer ist seine Verletzlichkeit. Eine Disidentifizierung von einem Trauma ist zu diesem Zeitpunkt noch nicht möglich, da das Kind noch mit allem eins ist. Die Möglichkeit zur Selbstwahrnehmung, als vom Trauma getrennte Entität, kann erst später stattfinden und geht Hand in Hand mit der Ausbildung des inneren Kerns.

Es ist eine logische Folge, dass eine mit allem verbundene Existenz (oder Entität), wie sie das Baby darstellt, auch mit der geistigen Welt noch tief verbunden ist. Die Tür in die feinstoffliche Welt ist noch weit geöffnet. Das Baby ist noch näher bei seiner Seele, dieser jenseitigen Heimat, wo es körperfrei war. Es ist näher bei der Zwischenstation zwischen seinen Inkarnationen. Diese nahe Verbundenheit mit der Seele reicht leider meist nur bis in das Vorschulalter hinein. Später wird dieser Zugang durch die Überbewertung des rationalen Denkens verschüttet.

Die Entwicklung zu einer sich selbst bewussten Person vollzieht sich in Zyklen. Eine erste feine Konsolidierung geschieht um das Alter von zwei Jahren. Die Trotzphase ist deshalb so wichtig, weil das Kind beginnt, seinen eigenen Charakter zu entwickeln, und der will anders sein als jener seiner Eltern. Mit dem „Dreimal-sieben-Jahre-Rhythmus" werden weitere wichtige Lebensstationen durchlaufen. Mit einundzwanzig Jahren ist die grundlegende Persönlichkeitsentwicklung abgeschlossen. Während der weiteren Jahre entwickelt sich die Person immer mehr zum Individuum und schließt im besten Falle, im reifen Leben, mit einer weisen, sich immer mehr entwickelnden Persönlichkeit ab.

1. Die Autistische Phase

Energetisch ist ein Neugeborenes eins mit allem. Es existiert keine Unterscheidung zwischen innen und außen, zwischen dem Ich und dem Du. Das Baby ist verbunden mit allem, was es umgibt. Es ist eins mit seiner Mutter. Der neue Erdenbürger bedarf des vollen Schutzes seiner Bezugspersonen. Im pädagogischen Sinne ist das Baby zu dieser Zeit noch nicht lernfähig. Während dieser Phase ist die Befriedigung der Urbedürfnisse wichtig. Diese sind: Das Stillen des Hungers, der Schlaf, die Nähe und das Gehaltensein. Die Befriedigung der körperlichen und der emotionalen Bedürfnisse sind essenziell, damit das Baby ein Gefühl von Geborgenheit, Vertrauen und Sicherheit für sein späteres Leben aufzubauen vermag.

Eine emotionelle oder physische Unverfügbarkeit der Bezugspersonen oder Traumata während dieser Phase führen zu Defiziten, wie eventuelle spätere Lebens- und Versagensängste. Ebenso kann es zu Misstrauen den Menschen und dem Leben gegenüber kommen. Größere Defizite können eine autistische Persönlichkeitsstörung zur Folge haben.

Während meiner Zeit als Flugbegleiterin hatte ich die Möglichkeit, in Indien ein Waisenhaus zu besuchen. Die Kinder waren physisch gut genährt und sauber gekleidet. In einem großen Raum befanden sich ungefähr dreißig Kinder in ihren Bettchen sitzend oder liegend. Die einige Monate bis ungefähr ein Jahr alten Kinder lagen oder saßen aufrecht in ihren Gitterbettchen. Keine der Betreuerinnen war angeleitet, die Babys ab und zu in den Arm zu nehmen oder krabbeln zu lassen. Taktile und andere sinnliche Erfahrungen waren für die isolierten Kinder nicht möglich. Die in ihrer Welt gefangenen Kleinen zeigten mit ihren monotonen Bewegungen, die bis zur Selbstverletzung führten, schon sichtbar gestörte Anzeichen von Autismus. Ihre Augen blickten ausdruckslos ins Leere. Eine traurige Geschichte.

In meiner Praxis erlebe ich, dass Kinder mit einem Mangel an Zuwendung und Förderung sowie einem Mangel an sinnlichen Reizen im späteren Leben oft unter Langeweile oder Resignation leiden.

2. Symbiotische Phase

Ab dem Alter von drei Monaten folgt die symbiotische Phase. Das Baby wird nun zum Kind. Es entsteht ein geradezu verzücktes Liebesverhältnis zwischen dem Kind und den Bezugspersonen. Jeder noch so kleine Außenreiz löst beim gesunden Kleinkind eine Reaktion aus. Lachen und Weinen sind ganz nahe beieinander. Diese Erfahrungen integrieren sich synchron mit der Ausreifung des Hirns. Der Emotionalkörper bildet sich jetzt aus. Das Kind ist dauerverliebt, auch in seinen eigenen Körper, dieses Wunderwerk, das in kurzer Zeit eine enorme physiologische und psychische Entwicklung durchläuft. Der physische Körper ist viel beweglicher geworden, dem Krabbeln folgt nun das Aufstehen. Die ersten Schritte lösen ein großes Entzücken aus. Das Kind verliebt sich in die Welt und hat ein Gefühl von: *Alles ist möglich, alles ist machbar!*

3. Phase der Differenzierung und Wiederannäherung

Leider ist dieses Glück der Verliebtheit in die ganze Welt nicht von Dauer. Eine höchst anspruchsvolle Phase beginnt nun, es ist die Phase der Differenzierung, in der sich das Kind immer mehr als getrennt von der Welt und von seinen Bezugspersonen wahrnimmt. Es ist die Zeit, wo es *fremdelt.* Eine Zeit der Freude und des Frustes, der Trennung und der Wiederannäherung. Das Hirn entwickelt sich physiologisch weiter, das abstrakte Wahrnehmen beginnt jetzt, mit dem Ziel, die Bezugspersonen, auch bei nicht Anwesenheit, verinnerlichen zu können. Der dauerhafte Körperkontakt ist nicht mehr lebensnotwendig. Jedoch ist es immer noch essenziell, als Erwachsener dem Kind ein geborgenheitsschenkender Hafen (Wiederannäherung) zu sein, wo es gesehen und gelobt wird, wo es Frust ausdrücken darf und nach großen Anstrengungen zurückkehren und sich ausruhen kann. Es ist die Phase, in welcher durch eigene Erfahrungen Resilienz, die wichtige physische und psychische Widerstandskraft für das Leben, ausgebildet wird. Diese Verfestigung geschieht durch einen Vertrauensaufbau, das heißt, dass seine Lieben immer wieder, wenn auch nicht immer sofort, verfügbar sind. Diese Verfügbarkeit hat im besten Falle die Qualität einer voll zugewandten Präsenz und einer empathischen Haltung dem Kind gegenüber.

Defizite, hervorgerufen durch Traumata oder schwere psychische Belastungen der Bezugspersonen, können zu späteren Verlassenheitsängsten, Versagensängsten oder gar zu Beziehungsunfähigkeit führen. Auch Überbehütung dient keinem Kind. Um in seinem Leben bestehen zu können, muss es lernen zurechtzukommen, auch wenn seine Liebsten nicht dauernd mit ihm in Symbiose sind. *Was Hänschen nicht lernt, lernt Hans nimmermehr!*

Eine neue Liebe im erwachsenen Leben ist hirnphysiologisch von drei sehr ähnlichen Phasen geprägt. Die symbiotische Phase des Verliebt-seins, wo man sich nicht loslassen will, dann der spätere Vertrauensaufbau in Phasen des sich Nicht-Sehen-Könnens. Es versteht sich von selbst, dass eine gute Entwicklung in der Kindheit das solide Fundament für die Beziehungen im erwachsenen Leben bildet. Man könnte sagen, dass die frühen Lebensjahre die Signatur für das spätere Leben darstellen.

Durch die Arbeit an sich selbst, vor allem die Arbeit mit dem inneren Kind, können diese Defizite auch im erwachsenen Leben aufgearbeitet und geheilt werden. Diese Ebenen unterliegen keiner Zeit, und deshalb ist es, wie Erich Kästner sagt: „Nie zu spät für eine glückliche Kindheit."

f. Die Erinnerung an den Seelenauftrag

Blicken wir nun über die entwicklungspsychologische und biographische Prägung hinaus auf die spirituelle Sicht der Dinge. Wenn auch unbewusst, bringen wir die Erinnerung an unser Seelendasein mit ins neue Leben. Mit der Seele vereinbaren wir unseren Lebens-Lern-Prozess, den Seelenauftrag.

Der Zugang zur seelischen Ebene wird in unserer Zeit zurecht als bedeutungsvoll anerkannt. Mit der Entwicklung unserer Herzensqualitäten bauen wir an diesem Zugang. Die Seelenpflege kann die Pflege der eigenen Kreativität, die Pflege der schönen Künste, wie der Malerei oder der Musik, sein. Kontemplation, Meditation oder der Aufenthalt in der Natur öffnet die Tore zu unseren Herzensqualitäten. Die Beziehungen mit unseren Familienmitgliedern, unseren Freunden und unseren Liebsten zu pflegen, schleift wiederum unseren Herzenskristall zu einem leuchtenden Juwel. Die Seelenpflege wird nicht mehr ausschließlich an die kirchlichen Institutionen abgegeben.

Gemäß der buddhistischen *Dharma-Lehre* hat jeder Mensch seine individuelle Seelenentwicklung zu durchschreiten. Jedes Individuum tritt sein Leben auf einer individuellen, von seinen Vorleben geprägten Entwicklungsstufe an. Ziel ist es, die Tugenden, bis hin zur Erleuchtung, zu entwickeln; oder wie bei dem im Eingang beschriebenen kabbalistischen Weltbild gelehrt: Das Göttliche in allem, was schon da ist, auch in uns selbst zu erkennen.

g. Die karmische Prägung

Vorhergehende Leben prägen unser jetziges Dasein, unseren Lebensstil. Wie die Prägung eines Stempels bestimmen sie unsere Vorlieben und unser Verhalten. Wir gehen aus intellektuell unerklärlichen Gründen in Resonanz mit gewissen Orten, Menschen und Tieren.

Warum haben wir ein tiefes inneres Wissen zu spezifischen Themen? Warum fällt es jemandem leicht, Pflanzen und ihre Heilkräfte zu erkennen? Welcher Sportart ist man besonders zugetan? In welchen fremden Ländern fühlen Sie sich zu Hause? Die karmischen Prägungen wirken natürlich auch bei unerklärlichen Abneigungen.

In der therapeutischen Begleitung sind das Erkennen und die Bereinigung von karmischen Ursachen essenziell. Zwischenmenschliche Beziehungen sind oft von karmischen Verbindungen geprägt. Diese ungelösten Verknüpfungen haben eine große Anziehungskraft auf die Betroffenen, weil sie erlöst werden wollen. Paarbeziehungen können nach der Klärung manchmal auseinandergehen. Es kann aber auch sein, dass ein Paar nach der Klärung, auf einem höheren Niveau, eine harmonische Beziehung auf dem Weg der Entwicklung weiterführt.

Zusammengefasst ist der Seelenauftrag im jetzigen Leben eine Folge von unseren vorhergehenden karmischen Erfahrungen und Entwicklungen. Manch eine Begegnung ist schon längst karmisch und auf der Seelenebene mit der betreffenden Person abgemacht, die sich als *Statistin* für die entsprechenden Lernerfahrungen anbietet. Interessant ist, wie viel Aufarbeitung wir heutzutage machen können. Haben wir doch gefühlt mehrere Leben in einem Dasein. Noch vor zwei Generationen waren eine Scheidung oder ein Jobwechsel unmöglich.

h. Fallbeispiel: Drei Geschwister

Meine langjährige Klientin Francoise* lebt seit einigen Jahren glücklich in einer Paarbeziehung mit ihrer Frau Brigitte zusammen. Gemeinsam lernen sie eine dritte Frau, Annabelle, kennen. Francoise und Brigitte verlieben sich gleichzeitig in Annabelle, die schon nach einigen Tagen in das Haus des Paares einzieht.

Eine starke Anziehungskraft und eine große Faszination entstehen zwischen den drei Frauen. Nicht minder heftig laufen die ausgelösten Prozesse ab. Francoise sucht Hilfe in meiner Praxis. Sie leidet unter unerklärlichen Panikattacken, mit dem starken Gefühl, Brigitte und Annabelle beschützen zu müssen, da beide durch ein Unglück sterben würden.

In der Sitzung landen wir in einem alten Leben im mittelalterlichen Frankreich. Ein etwa zwanzigjähriger Junge (Francoise) befindet sich in einer Burg. Wir sehen ihn, Hand in Hand mit seiner

* Die Namen wurden geändert.

fast gleichaltrigen Schwester (Annabelle), auf der Burgzinne stehen. Sie beobachten, dass sich außerhalb ihrer Schutzmauern eine große Unruhe anbahnt. Eine kriegerische Bande zieht schändend durch ihr Land und durchbricht schlussendlich das Eingangstor zu ihrer Burg.

Die Kinder sind die einzigen Überlebenden einer Adelsfamilie. Die Eltern sind schon seit einiger Zeit tot, die große Verantwortung, seine Liebsten zu beschützen, lastet auf den Schultern des Jungen (Francoise).

In einer zweiten Szene beobachten wir die Eindringlinge und den durch sie verursachten Tumult. Die ältere Schwester (Annabelle) liegt sterbend, durch eine große Bauchverletzung, in den Armen ihres Bruders. Verzweiflung, gepaart mit großen Verantwortungs- und Schuldgefühlen, machen sich bei dem Jungen breit. Er realisiert, dass er für seine ältere Schwester nichts mehr tun kann. Die zehn Jahre jüngere Schwester wird als Geisel von den Raubrittern gefangen genommen. Der Junge (Francoise) fühlt sich ohnmächtig und leer.

In der ersten Sitzung schreibt Francoise das Trauma über den Verlust ihrer großen Schwester um. Bei einer liebevollen Sterbebegleitung und achtsamen Beisetzung kann sie nicht nur von der geliebten Person Abschied nehmen, sondern entlastet den Jungen auch von seiner zu schweren Verantwortung und vermeintlichen Schuld. Innige Liebe und Verbundenheit machen sich breit. Qualitäten, die über den Tod hinaus Bestand haben. Die durch Schuldgefühle und Traumata abgespaltenen eigenen Seelenanteile können nun durch das Erkennen, ein neues Einordnen und das

Verzeihen zurückgeholt werden. Das tiefe Gefühl der Innigkeit und Liebe ist auch ein Gefühl der eigenen Ganzheit und Selbstliebe.

Zweite Sitzung: Die Seele meiner Klientin führt uns wieder zurück in das alte Geschehen. Einige Zeit später, nach Erhalt des Erpresserbriefes, bricht der Junge (Francoise) auf, um seine kleine Schwester (Brigitte) auszulösen. Er trifft auf eine dämonische Struktur: Die Kleine ist gefesselt und dem manipulativen Spiel des Dämons ausgesetzt. Auch die kleine Schwester stirbt. Der Junge spürt Wut, Ohnmacht und hat wiederum das Gefühl, versagt zu haben. Erneut holen wir mit viel Empathie und Verständnis den Jungen (Francoise) ab. Die kleine Schwester (Brigitte) wird dem dämonischen Einfluss entzogen und würdevoll beigesetzt. Der Dämon löst sich unter der visualisierten Sonne auf. Wobei hier die Sonne auch ein Symbol des höheren Selbst, des höheren Bewusstseins darstellt.

Ich lasse meine Klientin nun die Freude über die Wiederbegegnung in allen Zellen, in ihrem ganzen Sein spüren. Deutlich wahrnehmbar, kehrt ein unerlöster Seelenanteil zurück.

Alle drei Frauen können nun die Gefühle, ausgelöst durch die Wiederbegegnung in diesem Leben, nachvollziehen und verstehen. Jede der drei Frauen öffnet sich dem Prozess im Jetzt, und jede fügt ihre Mosaiksteine zum ganzen Bild hinzu. Alle drei Frauen lösen ihre Verstrickungen in einer therapeutischen Sitzung.

Gefühle der Kontrolle und eine zu große Verantwortung für ihre Liebsten sowie Verlustängste prägen das ganze Leben von Francoise. Sie hatte biographisch einen schwierigen Start ins Leben. Sie wuchs alleine, mit einer unberechenbaren, labilen Mutter auf. Auch hier übernahm sie zu früh zu viel Kontrolle und Verantwortung, um zu überleben. Francoise verabscheut ihre Mutter, hingegen überhöht sie ihren abwesenden Vater und hebt ihn auf ein inneres Podest. In einer weiteren Sitzung sehen wir, dass sie den vom Vater erwarteten, aber fehlenden Schutz in einer übertriebenen Form der Fürsorge für ihre Liebsten übernimmt.

Mit der „Inneren-Kind-Arbeit" füllt Francoise weitere Defizite auf und wird sich der inneren Zusammenhänge bewusst. Die Konsolidation einer tiefen Selbstliebe, einer stabilen Selbstachtung und somit eines gesunden Selbstbewusstseins ist das therapeutische Ziel.

IV.

Wachstum durch Bewusstsein

Achte auf Deine Gedanken, denn sie werden Worte.
Achte auf Deine Worte, denn sie werden Handlungen.
Achte auf Deine Handlungen, denn sie werden Gewohnheiten.
Achte auf Deine Gewohnheiten, denn sie werden Dein Charakter.
Achte auf Deinen Charakter, denn er wird Dein Schicksal.

Charles Reade (1814 – 1884)

a. Gedanken werden (Deine) Realität

Wir haben gesehen, dass unsere Gedanken identisch mit der subatomaren, mit der feinstofflichen Ebene sind. Wir wissen, das Feinstoffliche prägt das Grobstoffliche und gestaltet es. Das Gedachte wird zu unserer Realität und nimmt immer mehr Form und Gestalt in unserem Leben an.

Was geschieht nun, wenn viele Individuen dasselbe denken? Die kollektive Summe dieser Gedanken wird immer wieder energetisch befeuert und nimmt letztendlich Form und Gestalt auf der feinstofflichen Ebene an. Das so entstandene dynamische Feld beeinflusst wiederum, nach dem Gesetz der Anziehung und der Resonanz, den Mentalkörper der Menschen. Die entstandenen kollektiven Gedankenfelder verdichten sich immer mehr und können eine regelrechte Eigendynamik, bis hin zum „Point of no

Return“, entwickeln. So werden sie zu *Elementalen* oder *Egregoren*. Der griechisch-zypriotische Lehrer Daskalos hat den Ausdruck Elementale gebraucht. In den Jahren um 1980 lehrte er den bewussten Umgang mit den eigenen Gedanken, bevor das *Mindset* zum Thema wurde.

Mit Wünschen und Gefühlen angereicherte Gedanken rufen Elementale hervor, diese Elementale wiederum wirken wie Verstärker auf die entsprechenden Aura-Felder eines Individuums. Vervielfältigt, wirken sie weiter ins Massenbewusstsein, ins kollektive Feld der Menschheit hinein. Modetrends, politische Überzeugungen, kollektive Glaubensmuster ziehen in Windeseile über den ganzen Planeten, befeuert durch unsere modernen Medien. Die immer mehr aufgeladenen, von den Gedanken und Gefühlen vieler Menschen gefütterten Elementale entwickeln eine Eigendynamik und werden zu einer eigenständigen psychischen Struktur. Diese Strukturen haben keinen eigenen Wesenskern, sie sind nicht beseelt. Wohl deshalb sind sie bedürftig und gierig. Sie versuchen, uns Menschen zu besetzen und sich von unserer Wesensenergie zu nähren. Ich sehe diese Elementale in den Sitzungen jeweils als graue bis schwarze Wolken-Konstrukte. So entstehen regelrechte Teufelskreise, welche in ihrer Dynamik die Energiestrukturen bis zur Manifestation antreiben.

Rumpelstilzchen, im gleichnamigen Märchen der Gebrüder Grimm, ist die Metapher für eine solche Struktur. Rumpelstilzchen ist bestrebt, das Kind, als Sinnbild für die Seele der jungen Frau, in Besitz zu nehmen. Zuerst soll das Mädchen für Rumpelstilzchen Stroh zu Gold spinnen, doch gieriger werdend, verlangt es später ihr Kind. Sobald aber die Machenschaften von Rumpelstilzchen durchschaut, erkannt und beim Namen genannt werden, löst sich der Spuk, das Elemental, auf. Dieses Märchen legt uns die Entwicklung des eigenen Bewusstseins und das innere Erwachen ans Herz.

Besonders wirksam, um solche Strukturen entstehen zu lassen, ist die Manipulation mit Angst. Die globale Corona-Epidemie bietet außerordentlich interessante Phänomene in diesem Bereich und eröffnet ein großes Studienfeld für Psychologie und Soziologie.

Auch Orte können von Elementalen belastet sein. Drogenplätze oder Vergnügungsmeilen sind mit dem Elemental der Sucht kontaminiert. Großer Hass kann sich später in ein Elemental des Krieges oder in Umweltkatastrophen ergießen. Das Wetter ist für mich ein Ausdruck des Emotional- respektive des Astralkörpers von *Gaia*, der Wesenheit unseres Planeten, unserer Erde. Negative Gedankenformen sind letztendlich auch eine Form der Umweltverschmutzung.

Nach diesen Gesetzen verstärken sich natürlich auch gute Gedanken! Gedanken können heilen. Denken wir an das Gesundbeten. Gedanken werden zum Glauben. Glauben wird zum Schicksal.

Ein kollektives Erwachen mit kollektiven Bewusstseinsschritten kann epochale Veränderungen in der Gesellschaft einleiten. Gerade in dieser Zeit wachen immer mehr Menschen auf und sind nicht mehr medien- oder obrigkeitsgläubig. Bewusstsein und achtsamer Umgang mit den eigenen Gedanken ist die Basis für das Aussteigen aus dem Teufelskreis und führt in die Freiheit.

b. Fallbeispiel: Eine manipulative Struktur

Maria*, Mitte vierzig, lebt seit einem Jahr eine intensive sexuelle Beziehung mit einem Mann, der auf einem anderen Kontinent wohnt. Sie sehen sich nur ab und zu, wenn er auf Geschäftsreisen ist. Seit längerer Zeit lässt er nichts mehr von sich hören. Vom Verstand her möchte Maria sich von ihm lösen, kann sich aber der starken emotionalen Bindung nicht entziehen. Körperlich hat sie eine schmerzhafte muskuläre Rückenverspannung. Gefühle der Wut, Ohnmacht und trotzdem starkes Verlangen nach der Verbindung mit Marcel nehmen von Maria Besitz. Die berufliche Lebenssituation des zudem verheirateten Marcel zeigt keine Zukunft für die beiden. Er blockt seine Gefühle ab und lässt über lange Zeiträume hinweg nichts von sich hören. Maria kämpft mit einer sich schon länger anbahnenden inneren Leere und ist energetisch erschöpft.

Bei der Sitzung werden wir zu einer gesichtslosen dunklen Gestalt geführt. Aus Erfahrung weiß ich, dass dies keine Person, sondern eine Struktur ohne Seele ist. Sie ist dunkel und spielt sich mächtig auf. Meine Klientin fühlt panische Angst. Als ersten Schritt bringen wir diese Struktur aus dem Körper hinaus und schaffen eine Distanz, die zur Möglichkeit der Disidentifizierung führt. Die Frage: „Was willst du von mir?“ beantwortet die Gestalt mit: „Ich brauche deine Gefühle und möchte die Schönheit deines Körpers!“ Wir erkennen eine diebische, manipulative Struktur. Meine Klientin beginnt, der Struktur klarzumachen, dass sie keine Tankstelle ist. Sie möchte die Struktur nicht mehr füttern. Wichtig sind hier Ich-Botschaften wie: „Ich bin nicht mehr bereit, dich zu füt-

* Die Namen wurden geändert.

tern!“ Entspannung macht sich breit. Für die Wesenheit bitten wir um göttlichen Segen. Die Wesenheit löst sich nun auf.

Der nächste Schritt ist es, die Verbindung mit Marcel, dem Freund meiner Klientin, zu ergründen. Wir landen in Asien, in einem alten Leben von Maria. Eine Frau und ein Mann befinden sich auf einem schmalen Boot, das er mit einer speziellen, in Burma gut bekannten Technik manövriert. Er ist aber nicht beim Fischen, sondern er entführt die junge Frau. Er bringt sie weg von ihrer Dorfgemeinschaft. Ein heftiger Streit, Gewalt und Widerstand toben im Inneren der Frau. Meine Klientin spürt, dass auch hier nur ihr Körper gefragt ist, sie soll zwangsverheiratet werden. Sie kämpft um ihr Leben und verliert es letztendlich durch Ertrinken.

Wir bitten um Auflösung der Verstrickungen in Zusammenhang mit Ohnmacht, männlicher Gewalt und dem Verlust der Selbstbestimmung. Maria umhüllt gedanklich liebevoll die burmesische Frau und begleitet sie mit ihrer Herzens-Energie empathisch in den Tod. Sie flüstert ihr von der innersten Seelenebene her harmonische, heilende Worte zu. „Alles ist gut!“ „Du bist frei!“ „Du bist in Liebe gehalten.“

Diese karmisch verursachte Struktur war noch im Feld meiner Klientin und ihres Freundes und hat die jetzige Situation zur gegebenen Zeit hervorgerufen. Trotz der Lebenswege auf zwei verschiedenen Kontinenten haben sie sich wieder getroffen, da nichts an Verbindungen im Universum verloren geht. Die Möglichkeit zur Auflösung und Heilung ist ein Akt der Gnade und jedes Mal sehr berührend. Diese Geschichte zeigt, wie durch Gewalt und Streit entstandene Strukturen sich mit bestehenden gleichen oder ähnlichen verbinden, sich multiplizieren und ins kollektive Feld eingehen.

Je mehr Bewusstseinsarbeit und Heilungsarbeit wir in diesem Bereich praktizieren, desto bereinigter werden die planetarischen Felder. Irgendwann sind Diskriminierungen, wie in unserem Beispiel zwischen den Geschlechtern, gar nicht mehr denkbar.

c. Die Psychosynthese des Roberto Assagioli

Roberto Assagioli wird 1888 in Venedig geboren. Er erhält eine damals typisch klassische europäische Erziehung. Er lernt mit fünf Jahren Griechisch, als Achtjähriger Latein, Deutsch und Russisch. Zudem wächst Roberto englisch-, französisch- und italienischsprachig auf. Später studiert er Sanskrit. Seine Eltern sind Juden aus der oberen Mittelschicht. Schon früh besucht der junge Mann andere Länder in Europa. Er setzt sich mit anderen Kulturen und Lebensweisen auseinander. Seine Mutter ist Theosophin, dies eröffnet ihm ein weites esoterisch-spirituelles Wissen.

Theosophie bedeutet wörtlich: Die Lehre der *Göttlichen Weisheit*. Die Suche nach der Göttlichen Wahrheit durch mystische Erfahrungen wird schon im dritten Jahrhundert von den *Neuplatonikern* beschrieben. In den Religionswissenschaften hat der Begriff zwei verschiedene Bedeutungen. Die *abendländische christliche Theosophie* ist eine bis ins fünfzehnte Jahrhundert reichende Strömung innerhalb der westlichen Esoterik.

Die *Theosophische Gesellschaft* hingegen wurde durch die russisch-deutsche Okkultistin Helena Petrovna Blavatsky (1831 - 1891) begründet. Sie stützt sich auf östlich-indische Lehren des Hinduismus und des Buddhismus. Zur Erlangung der höheren Weisheiten greift sie auf diverse Geheimlehren zurück. Bei Blavatsky sind, nicht zuletzt aufgrund ihrer Lehren der Reinkarnation und der aufgestiegenen Meister *(Weiße Bruderschaft)*, die Wurzeln der modernen Esoterik zu finden. Rudolf Steiner (1861 - 1925) leitet anfänglich die deutsche Theosophische Gesellschaft mit den Grundwerten Blavatskys. Später, auch in Abgrenzung von Annie Besant und Jiddu Krishnamurti, verfolgt er aber die westlich-esoterische Lehre mit der Betonung des christlichen Elements. Er gründet 1913 die *Anthrophosophische Gesellschaft* und geht seinen eigenen Weg.

Zurück zu Roberto Assagioli: Er studiert später in Florenz Medizin sowie Erziehungs- und Religionswissenschaften. Aus dieser Kombination entwickelt er später seine *Psychosynthese.* Schon im Alter von zwanzig Jahren publiziert er Artikel über Psychologie und Philosophie. 1909 beschäftigt sich Assagioli mit der Psychoanalyse, kritisiert sie aber später und distanziert sich von den ihm als zu begrenzt erscheinenden Lehren Sigmund Freuds. Roberto Assagioli will eine Psychologie des ganzheitlichen Menschen erschaffen, welche Kreativität, Wille, Freude und Weisheit genauso einschließt wie Impulse und Triebe aus den tieferen Ebenen der Persönlichkeit.

Nach seiner Promotion arbeitet Roberto Assagioli bei Eugen Bleuler in der psychiatrischen Klinik Burghölzli in Zürich. Er studiert mehrere spirituelle und ganzheitlich denkende Philosophen, darunter Dante Alighieri, Rudolf Steiner und östliche Weisheitslehrer. Assagioli gründet in Rom sein *Institut der Psychosynthese.* 1941 schreibt er, durch die Faschisten ins Gefängnis gesteckt, den viel zitierten Artikel *Freiheit im Gefängnis.*

1974, im Alter von achtundsechzig Jahren, stirbt Roberto Assagioli. Er arbeitet zu dieser Zeit gerade an seinem Buch *Transpersonal Self,* welches unvollendet bleibt. Es entstehen viele Psychosynthese-Zentren und -Institute in Europa und Amerika. Assagioli war immer bestrebt, dass es keine Hierarchie an diesen Instituten gab. Nach ihm ist Psychosynthese keine Doktrin oder Schule der Psychologie, es ist keine spezielle Methode der Selbstverwirklichung oder Erziehung. „Die Psychosynthese kann eine Bewegung, ein Trend und ein Ziel genannt werden."

Nach Assagioli gilt es, sich bewusst zu werden, dass wir, nebst Körper, Emotionen und Gedanken, spirituelle Wesen sind und diese spirituelle Entwicklung unser Ziel, letztendlich den Sinn des Lebens ausmacht. Die vielen Hindernisse auf diesem Weg sieht Assagioli als spirituelle Krisen, die es als Wachstumschancen anzunehmen und zu transformieren gilt. Roberto Assagiolis *Psychosynthese* basiert auf der Sichtweise vom Menschen als ganzheitlichem Wesen, dem ein Streben nach seiner wahren höheren Identität innewohnt. Aus seiner harmonischen Mitte soll der Mensch den Weg zum Höheren Selbst hin anstreben. Sein Entwicklungsweg lautet: Über Krisen, als Wendepunkte, hin zur Selbst-Bewusstheit und weiter zur Transzendenz-Erfahrung.

Als Arzt erkennt Assagioli die Neurosen und Psychosen seiner Patienten als verzweifelten Versuch, die Grenzen ihres Lebens auszudehnen. Er entwickelt eine ganz neue Sicht auf seine Patienten und bietet der Psychiatrie noch nie dagewesene neue Therapieformen. Mit geführten Meditationen eröffnet der Arzt seinen Patienten den Zugang zu höheren Qualitäten wie Kreativität, Intuition, Freude, Liebe und Hingabe. Roberto Assagioli revolutioniert eine nur auf die Sichtweise des *Pathologischen* ausgerichtete Haltung. Diese Haltung zeugt von seinem großen Respekt gegenüber der unantastbaren, heilen Seele des Patienten.

Die Psychosynthese kann der Transpersonalen Psychologie zugeordnet werden. Transpersonal heißt: Über die physisch-materielle Ebene einer Person hinausgehend. Es wäre sehr zu begrüßen, wenn diese Ebenen mehr in die Naturwissenschaften an den Universitäten integriert würden.

d. Die Ebenen des Bewusstseins

Roberto Assagioli entwickelt 1958 sein berühmtes *Ei-Diagramm.*[*] Es bezeichnet die verschiedenen Ebenen des Bewusstseins und die ihnen innewohnenden Qualitäten. Die Linien zwischen den Bewusstseinsebenen sind gestrichelt, zeigen dadurch Verbundenheit und Durchlässigkeit an.

Die erste Ebene (1) bezeichnet das *tiefere Unbewusste*, es ist der älteste und ursprünglichste Teil einer Persönlichkeit. Hier liegen unsere Instinkte, triebhaften Impulse und das Archiv unserer Vergangenheit, insbesondere unverarbeitete und traumatische Erfahrungen, aber auch familiäre Konditionierungen. Das *tiefe Un-*

* Roberto Assagioli, *Handbuch der Psychosynthesis*, Freiburg im Breisgau 1978, S. 55

bewusste macht sich durch Träume bemerkbar oder übernimmt gelegentlich die Führung und zeigt sich in unkontrollierten Reaktionen. Diese Ebene kann erforscht werden, indem der innere Beobachter während einer Meditation oder in der therapeutischen Arbeit seinen Fokus ausdehnt.

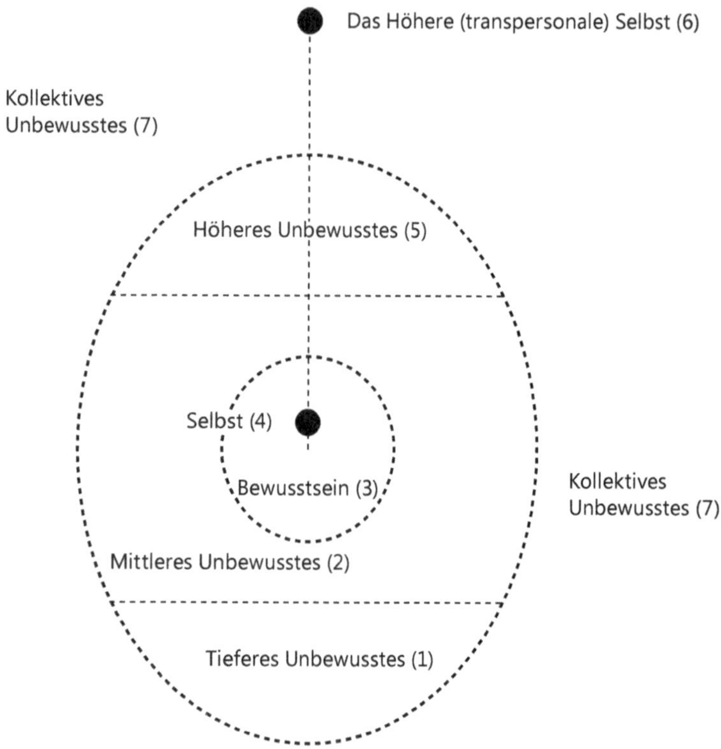

Die Ebene des *mittleren Unbewussten* (2) repräsentiert die Gegenwart und all das, was wir in Erinnerung tragen und worauf wir jederzeit Zugriff haben – unsere Biographie. Im Zentrum des mittleren Unbewusstseins liegt das Feld des *Bewusstseins* (3), welches all das, was in unserem momentanen Gewahrsein ist, umfasst.

Im absoluten Zentrum des Feldes steht das Ich oder das *personale Selbst* (4). Es ist das Zentrum reinen Selbstbewusstseins, des Gewahrseins, der Zentrierung. Dieser innerste Kern ist nicht besetzt durch irgendwelche Identifikationen oder Ego-Strukturen, es ist das reine Ich. Man könnte das *Selbst*, im Vergleich mit einer Bühnensituation, als den Regisseur bezeichnen. Als Funktion besitzt das *Selbst* einen *Beobachter.* Der Beobachter kann jederzeit, wie ein Bühnen-Scheinwerfer, auf das gerichtet werden, was wir wahrnehmen möchten.

Der Bereich des *höheren Unbewussten* (5) rundet das Ei-Diagram nach oben hin ab. Es ist der Zugang zum lebendigen Potenzial eines Menschen. Über die Meditation können diese höher entwickelten Qualitäten wie Liebe, Glück und Freude erschlossen werden. Erfahrungen mit dem *höheren Unbewussten* bringen uns in Berührung mit dem tieferen Lebenssinn. Es ist der Bereich schöpferischer Kreativität, Intuition und spiritueller Ekstase.

Am höchsten Punkt des Ei-Diagramms steht das *Höhere Selbst* (6), welches in direkter Verbindung nach „unten" mit dem *Selbst* steht. Die Verbindung vom *Selbst* zum *Höheren Selbst* können wir ebenfalls durch Meditation herstellen und erfahren. Das Verweilen in diesem Raum der Stille ist äußerst heilsam. Es ist wie ein „Heimkommen" zum Wesentlichen des eigenen Seins. Es ist ein Gewahrsein in der absoluten Essenz des Seins. Das *Höhere Selbst* ist das, was als *transpersonal*, über die Person hinausgehend, bezeichnet wird. Diese Ebene zu „erforschen", ist eines der zentralen Anliegen von Roberto Assagiolis *Psychosynthese.**

* Anmerkung: Das Höhere Selbst ist auch nach oben hin angebunden an das *Kosmische Zentrum*, an das Göttliche.

Um das Feld eines Individuums befindet sich das Feld des *kollektiven Unbewussten* (7). Dieses Feld ist das kollektive Feld der gesamten Menschheit. Die Inhalte beinhalten die Entwicklungsgeschichte der Menschheit, auch kollektiv geprägte Gefühle wie Ängste oder Trauer. Auch ethische Werte, Gedanken und Verhaltensmuster unterliegen der kollektiven Beeinflussung.

e. Kollektiv und Archetyp

Der Mensch ist kein isoliertes Wesen, sondern in mehrere Kollektive eingebettet. Das Kollektiv ist eine Gemeinschaft, die durch Sprache, Mentalität, Brauchtum, Glauben, Ideologie oder durch ein gemeinsames Projekt verbunden ist. Die gesamte Menschheit, selbst bei äußerlich unsichtbaren Gemeinsamkeiten im vorher genannten Sinne, ist auch ein Kollektiv und durch *die Weltseele* miteinander verbunden.

Der Menschheit gemeinsam sind ihre *Urformen*, die sogenannten *Archetypen*. Carl Gustav Jung (1875-1961) bezeichnete in seiner Analytischen Psychologie die Archetypen als die dem kollektiven Unbewussten zugehörigen Grundstrukturen oder Charaktertypen. Auch wenn Kulturen oder religiöse Systeme unterschiedlich sind, die Archetypen bleiben ähnlich oder sind sogar identisch. Besonders ausgeprägt sind die archetypischen Figuren in den Märchen, aber auch als Göttergestalten in der Mythologie. Mythologische Archetypen, wie zum Beispiel die *Große Mutter* oder die *Göttin*, finden wir in allen Kulturkreisen: Beginnend bei der altsteinzeitlichen *Venus*, der sumerischen *Inanna*, der ägyptischen *Nut* und *Hathor* über die indische *Shakti*, die germanische

Freya bis hin zur griechischen *Demeter.* Später, im Christentum, repräsentiert *Maria* den Archetyp der *Großen Mutter.*

Auch Handlungen und Ideen können archetypisch geprägt sein: Das Prinzip von *Gut und Böse* wird gerne in religiöse Vorstellungen übernommen. Der Leidensgeschichte der Frauen in Zeiten des Patriarchats unterliegt der Archetypus der *untergeordneten Frau.*

Den Baum als Archetyp finden wir im Weltenbaum *Yggdrasil* oder bei *Siddhartha Gautamas* Erleuchtungsbaum, dem *Bodhi-Baum.* Sie alle haben eine starke symbolische Kraft. Zepter und Krone sind archetypische Insignien der weltlichen Macht. *Lingam* und *Yoni*, die hinduistischen Phallus- und Vulva-Symbole, stehen für die göttlich-schöpferische Kraft. Auch sie sind kollektiv-archetypisch geprägte Motive.

Das Kollektiv stellt den Makrokosmos des Systems Menschheit dar, wobei das Individuum der Mikrokosmos, seine Zelle, ist. Auch dem kollektiven Bewusstseinsfeld ist der evolutionäre Prozess innewohnend. Das Kollektiv beeinflusst das Individuum, aber im Umkehrschluss beeinflusst jeder einzelne Mensch mit seinem geistigen Erwachen das Kollektiv und erhöht so das große Ganze. Carl Gustav Jung nennt diesen lebenslangen Prozess der Selbstverwirklichung *Individuation.*

f. Teilpersönlichkeiten

Unsere Persönlichkeit hat mehrere Gesichter, mehrere Charaktere oder diverse innere Schauspieler. Einige davon sind archetypisch, wie zum Beispiel die Mutter, der Vater, das innere Kind, der Tyrann, das Opfer, der Kritiker und viele mehr. Assagioli nennt diese Archetypen die *Subpersonalità*, die Teilpersönlichkeiten.

Das *Selbst* hat keine Möglichkeit, in Kommunikation zu treten, es kann sich nur über *Teilpersönlichkeiten* im Leben ausdrücken. Je nach Entwicklungsstand sind diese mehr oder weniger von innen, vom Selbst her gesteuert. Unbewusste Teilpersönlichkeiten hingegen können uns das Leben recht schwermachen. Sie können herausgefordert, *getriggert* werden und treten dann ungefiltert, als zwanghafte Reaktionen im Umgang mit unseren Mitmenschen, auf den Plan.

Teilpersönlichkeiten werden oft als uralte, unverarbeitete Strukturen aus einem alten Leben mitgebracht. In diesem Leben entstehen sie dann mit dem gleichen unterliegenden Muster in der frühen Kindheit, wobei wir auch hier natürlich, in Absprache mit der Seele und unserer Entwicklung, ein Lebensmilieu gewählt haben, womit wir in Resonanz stehen.

Erinnern wir uns an die Trotzphase, die dem Kind geholfen hat, aus der Blase Mutter-Vater-Kind zu schlüpfen. Das Interagieren mit der Welt und den Menschen fordert ihm einiges an Strategien ab, dazu entwickelt das Kind ein Verhalten, um auf dem ökonomischsten Weg, mit möglichst großer Schmerzvermeidung, ans

Ziel zu kommen. Das Ziel ist ein Dasein, in dem die Befriedigung des Hungers und die Zuwendung nach Liebe gewährleistet sind.

Das Kind beginnt, die Verhaltensweise seiner Bezugspersonen zu kompensieren oder zu imitieren. Es versucht so, ein Gleichgewicht herzustellen, und es entwickelt sich zum Beispiel zu einem superbraven Kind, um Konflikten auszuweichen, Spannungen im Elternhaus auszuhalten und letztendlich geliebt zu werden. Ebenso kann es aber auf dieselbe Situation mit einem ungesunden Essverhalten, Flucht oder Aggressionen reagieren und das, was es am meisten bräuchte, nämlich Zuwendung und Liebe, ablehnen. Teilpersönlichkeiten helfen uns primär zum Überleben, verfestigen sich aber später immer mehr und werden zu automatisierten Persönlichkeitsstrukturen.

Da wir ja mit dem Kollektiv verbunden sind, werden Teilpersönlichkeiten systemisch durch familiäre Strukturen, durch die Sippe, das Dorf, den Staat, den Kontinent oder die Ethnie mitgeprägt. Ebenso bringen wir, wie bereits erwähnt, auch karmisch geprägte Teilpersönlichkeiten mit.

Sehr dominante, zwanghafte oder disharmonische Teilpersönlichkeiten haben ihren Ursprung in traumatischen Ereignissen und Erlebnissen. Je tiefer das Trauma, desto dissoziierter kann die Teilpersönlichkeit wirken. Sie kann ein zwanghaftes Eigenleben führen, das jeglicher inneren Steuerung entbehrt. Dies drückt sich in der Praxis als Sucht, Abhängigkeit oder Zwang aus. Oder weniger dramatisch: Ist eine Person nicht mehr in ihrer Mitte, mit ihrem Selbst verbunden, ist sie abgeschnitten von ihrer Intuition und fühlt sich neben sich stehend oder nicht mehr sie selbst seiend.

Teilpersönlichkeiten sind zwischenmenschlich interaktiv und triggern im Beziehungsleben ihre Gegenspieler oder solidarisieren sich mit „Gleichgesinnten". Menschen mit gleichen Teilpersönlichkeiten spüren zu Beginn einer Beziehung oft eine große Anziehungskraft.

Eine erste Krise oder einen Wendepunkt löst die Person aus, die sich beispielsweise aus der ehemals gemeinsamen Opfer-Teilpersönlichkeit befreien möchte. Das kann eine bedrohliche Situation, aber auch eine Wachstumschance für die Beziehung bedeuten. Von der Natur haben wir gelernt, dass ein System nicht statisch bleiben kann, sondern evolutionären Rhythmen und Bewegungen unterworfen ist. Das Paar kann sich in diesem Krisenmoment entweder entfremden oder die Arbeit an sich selbst beginnen, um die Beziehung auf ein höheres Niveau zu führen. An dieser Stelle möchte ich erwähnen, dass vom Gedanken der transpersonalen Selbst-Entwicklung her eine Ehe nur aufgrund der individuellen Entwicklung beider Partner gesunden kann. Die *Ehe an sich* hat kein Selbst, kein Bewusstsein und kann nicht transzendieren. Eine Ehe-Therapie macht nur dann Sinn, wenn gleichzeitig jeder Beteiligte an sich selbst arbeitet. Durch das persönliche Wachstum kann die Beziehung eine höhere Qualität annehmen.

In seinem Buch „Five Divorces of a Healthy Marriage"* beschreibt der Amerikaner Harald Straughn ausführlich die Entwicklungsstadien einer Liebesbeziehung. Die Krisenmomente können, wie erwähnt, in eine Trennung führen, aber auch einen Wendepunkt für eine höhere Stufe der Liebe darstellen. Die erste Stufe der

* Harald Straughn, *The five Divorces of a Healthy Marriage*, St. Luis, Missouri, 1986

Liebe ist *Eros*, sie stellt die symbiotische erste Verliebtheitsphase dar, welche durch eine starke Anziehungskraft und den Wunsch, sich körperlich nahe zu sein, geprägt ist. Diese von Abhängigkeit geprägte Phase ist ähnlich der Liebe zwischen Mutter und Kleinkind. In dieser Phase fühlt man sich ohne den Anderen unvollkommen. Nach ein paar Monaten folgt der Übergang in das nächste Stadium der Liebe. Es ist die Zeit der täglichen Routine; die Beziehung will nun auf ein solides Fundament gebaut werden. Wenn das hormonelle Hoch abgeklungen ist, kann diese Herausforderung das Paar noch enger zusammenführen oder trennen.

Auf Eros folgt *Storge*, ein griechisches Wort für familiäre und freundschaftliche Zuneigung. Es ist die Zeit, wo das Paar seine Zweisamkeit ausdehnt, gegenseitige Freunde und Familienmitglieder kennenlernt. Die Beziehung möchte nun alltagstauglich werden, das Paar entscheidet zusammenzuleben und teilt denselben Haushalt. Eine Rollenverteilung findet statt. Die Herausforderung, *Storge* zu transzendieren, kann zum zweiten Krisenmoment führen.

Das dritte Stadium der Liebe ist *Philia*, die freundschaftliche Beziehung. Gleiche Werte sind hier wichtiger als gemeinsame Aktivitäten. Die Beziehung ist tiefer geworden und baut auf gegenseitiges Vertrauen auf. Die Intimität zwischen dem Paar ist so groß geworden, dass es normal erscheint, sich tiefste Gefühle wie Ängste und auch Fantasien anzuvertrauen. Um sich auf dieser Ebene austauschen zu können, muss der Geschlechtsunterschied überwunden werden. Für eine Frau macht es nun keinen Unterschied mehr, ob sie Intimitäten mit ihrer Freundin oder ihrem Partner teilt. Manipulation und Besitzergreifung hat hier keinen

Platz mehr. In diesem Stadium kann es einem der Partner zu langweilig werden und die Prüfung, die nächste Stufe, steht bevor.

Dikaiosune steht in der griechischen Mythologie für Gerechtigkeit, Rechtschaffenheit und ist in diesem Kontext besonders passend: *Gleichberechtigung.* Es ist die Zeit der gegenseitigen Unterstützung für die Vollendung der Persönlichkeitsentwicklung. Die Kinder sind in diesem Stadium Erwachsene geworden, und die persönliche Entwicklung steht wieder im Vordergrund. Der Lebenssinn gilt nicht mehr nur der Familie. Die Transzendenz der eigenen Persönlichkeit und die Entwicklung von schlummernden Potenzialen stehen nun im Vordergrund. Dieser individuelle Weg verlangt eine große Toleranz des Partners, und eventuell lebt man sogar zwei verschieden Lebensstile an verschiedenen Orten. Es besteht die Gefahr, dass ein Partner mehr in die freundschaftliche Ebene (Philia) zurückgehen möchte, wo er sich sicherer fühlt.

Die Herausforderung für diese transzendierte Art der Beziehung ist die Arbeit an sich selbst. Es gilt, ein stabiles Selbstvertrauen aufzubauen, mit dem Lohn der Freiheit und einer tiefen, tragenden Liebe. Gemeinsame Werte, der Wille und das Vermögen, den Anderen zu fördern, sind nun der Kitt der Beziehung.

Die bedingungslose Liebe: *Agape* geht über das Persönliche hinaus und ist die höchste Form der Liebe. Es ist die Liebe, die Christus seinen Jüngern lehrte und vorlebte. Diese Liebe geht über den Tod hinaus, und es gibt keinen Schicksalsschlag, keine Krankheit oder Persönlichkeitsveränderung, die sie mindern kann. Wenn ältere Paare einander bei Prüfungen und auch in „schlechten Zeiten" in tiefer Liebe zugewendet bleiben, dann kann man von *Agape* sprechen.

Je nachdem wie reif die Liebenden in ihrer Persönlichkeit sind, können in einer Beziehung alle Stufen gleichzeitig gelebt werden. Der Eros muss nicht für die nachfolgenden Stadien sterben, sondern es ist wunderbar, wenn die körperliche und emotionelle Anziehungskraft weit darüber hinaus erhalten bleibt. Die Phasen können in Monaten oder Jahren durchlaufen werden. Zeit spielt hier eine untergeordnete Rolle. Viele Paare steigen schon auf einem gemeinsamen hohen Niveau in eine neue Partnerschaft ein, dann spielen meistens karmische Erfahrungen oder Seelen-Verwandtschaft eine Rolle.

g. Das innere Kind

„Es ist nie zu spät für eine glückliche Kindheit!"

Erich Kästner

Das innere Kind ist eine sehr wichtige Teilpersönlichkeit. Letztendlich liegt die Genese aller Teilpersönlichkeiten hauptsächlich in der Kindheit. Das innere Kind lebt in jedem von uns und ist durch das Elternhaus und die Biographie meistens defizitär geprägt. Erschreckend viele Menschen haben in ihrer Kindheit körperlichen und seelischen Schmerz erlitten. Die nicht geheilten Verletzungen, die sich im späteren Alltag in Form von Angst, Depression, Sucht, Verwirrung, Trennung oder Krankheit zeigen, erschweren das Leben. Diese Zusammenhänge zwischen dem inneren Kind und dem Leben als Erwachsener zu erkennen, ist außerordentlich wichtig.

Ein Kind passt sich, so gut es geht, der Erwachsenenwelt an, weil es geliebt werden möchte und andererseits seine Eltern bedingungslos liebt. Diese Tatsache stellt eine große Ambivalenz dar. Ursprüngliche, spontane Gefühle werden verdrängt und können meist nicht gefühlt und gelebt werden. Glaubensmuster wie „wenn ich mich nicht anpasse, bin ich schlecht“ oder „wenn ich nicht gehorche, wird Mama krank“, sind tief im Unterbewusstsein abgespeichert. Verhält sich das Kind nach seiner inneren Natur, wird es von Schuldgefühlen geplagt. Es hat sich ja nicht regelkonform verhalten, und seine Eltern werden enttäuscht. Der Teufelskreis aus Ambivalenz und Anpassung beginnt immer wieder aufs Neue.

Gefühle von Liebe, Frustration und Schuld vermischen sich. Das Kind ist in seiner emotionalen Entwicklung verwirrt. Die Anpassung an die Umwelt einerseits und die Wahrnehmung der eigenen ursprünglichen Emotionen andererseits führen zum Dilemma. Weil ein junger Mensch nicht fähig ist, diese gegensätzlichen Schuld- oder Liebes-Gefühle beziehungsweise Liebe und Frustration richtig einzuordnen, findet eine Abspaltung der Empfindungen statt. Die Überlebensstrategie entspricht schließlich dem Abspalten des inneren Kindes. Dadurch ist ein Teil der kreativen Lebensenergie, der Libido, blockiert. Dies kann zu einer verminderten Lebensqualität mit Krankheiten oder Depressionen führen. In die andere Richtung gehend, entwickelt das Kind Strategien zur Lebenskontrolle, wo es als Erwachsener *alles im Griff* hat.

Das erlöste innere Kind hat ein unerschöpfliches Potenzial an Lebensenergie, Spontanität, Kreativität und Intuition. Vorausgesetzt, die Person ist in liebevollem Kontakt mit dem inneren Kind, werden Erfahrungen des Vertrauens und der Liebe gemacht. Das Leben besteht wieder aus Staunen und dem Glauben an Wunder, die andere Wahrheit, die hinter der alltäglichen Erfahrung der Erwachsenenwelt liegt. Die Begegnung mit einem seelisch offenen Menschen ist der Ausdruck des angenommenen inneren Kindes. Diese Menschen haben eine besondere Ausstrahlung, sie werden oft jünger geschätzt. Ihre Persönlichkeit wird durchstrahlt vom Wesenhaften, vom Seelischen. Das innere Kind braucht Zuwendung und Verständnis, im Gegenzug schenkt es uns Spontanität, Kreativität und Lebensfreude. Wir sind nie allein! Das innere Kind und der Erwachsene sind im besten Falle lebenslange Freunde.

Leider kennen immer mehr Menschen ihre Großeltern nicht mehr. In Altersresidenzen und Heimen werden sie isoliert. Ein Zusammenleben unter verschiedenen Generationen wäre viel natürlicher und wertvoller. Meine eigene Kindheit war geprägt durch den Kontakt zu meinen Großeltern. Alt und Jung haben sich fast täglich im Dorf gesehen. Während die Eltern arbeiteten, hat meine Oma uns Kinder mit Märchen und Geschichten-Erzählen unterhalten. Die alte Dame ließ uns ihre bedingungslose Liebe spüren. Welche Bereicherung!

Mit einem befreiten inneren Kind kommuniziert ein Erwachsener mit einem ansteckenden authentischen Gefühlsausdruck mit allen Altersgruppen. Eine Gesellschaft, in der Kinder, Erwachsene und alte Menschen separiert leben, ist nicht ideal. Warum haben Erwachsene im Umgang mit Kindern zum Teil Mühe? Weshalb vereinsamen alte, aber auch junge Menschen? Was ist der Auslöser für die vielen Singles? Dominiert Individualität, Ehrgeiz sowie

Kontrolle und Perfektionismus unsere westliche Gesellschaft? Für einen Perfektionisten zum Beispiel produzieren Kinder Chaos und Lärm, er lässt sein eigenes inneres Kind nicht leben. Würde er seine abgespaltenen Teilpersönlichkeiten besser kennen und integrieren, wäre er ausgeglichener und würde im Kinderlärm sogar Lebensfreude erkennen. Die Integration des inneren Kindes hat eine psychosoziale Auswirkung. Die Heilung des Individuums impliziert immer auch die Heilung der Gemeinschaft.

Schaffen wir es, die Kommunikation mit unserem inneren Kind aufzunehmen und seine Bedürfnisse zu stillen, können wir ein gesellschaftlich wertvolleres Leben führen. Die positive Energie steigert Offenheit und Spontanität. Egoismus nimmt ab. Geheilte innere Kinder haben die Auswirkung von mehr Freude und Empathie in unserer Gesellschaft.

h. Fallbeispiel: Befreiung im Herzen

Mariannes* Vater war jähzornig. Die Kinder mussten sich zu Hause ruhig verhalten, sonst brach der Vater in Tobsucht aus. Zudem litt er an epileptischen Anfällen. Rücksichtnahme war das ungeschriebene Gesetz. Es gab Zeiten, da durften die Kinder nur auf den Zehenspitzen durch die Wohnung schleichen. Die Eltern hatten ein eigenes Geschäft, und ihr Leben war durch viel Arbeit geprägt.

Traurigkeit, Anpassung, zurückgedrängte Frustration, Atembeschwerden und Asthma sind die Auswirkungen der einengenden

* Der Name wurde geändert.

Lebensbedingungen dieser Kindheit. Heute leidet die Fünfunddreißigjährige unter einer Teilpersönlichkeit, die sehr streng mit sich selbst ist. Sie stellt an ihren Beruf hohe Anforderungen. Sie braucht für ihre Arbeit viel Zeit und nimmt alles genauer als ihre Kolleginnen. Marianne ist erschöpft und unglücklich. Ihre Sexualität lässt zu wünschen übrig. Sie fühlt sich verklemmt, obwohl sie schon jahrelang mit ihrem Mann zusammenlebt. In Gesellschaft mit anderen Menschen fühlt sie sich oft unwohl und eingeschüchtert. Es kommt auch vor, dass sie von anderen ausgenutzt wird, da sie wenig Grenzen setzen kann.

In der Therapiearbeit mit Marianne ist es wichtig, zuerst die Lebensumstände des inneren Kindes und die daraus resultierenden Gefühle und Glaubensmuster zu erkennen und zu benennen. Durch gezielte Anleitung wird die Kommunikation mit dem inneren Kind aufgenommen. Die Klientin empfindet die damaligen Körpergefühle, Emotionen und Gedanken des Kindes empathisch und deutlich nach.

In einem zweiten Schritt geht es darum, die ursprünglichen Bedürfnisse des Kindes zu erspüren und zu akzeptieren. Somit kann Marianne dem inneren Kind immer mehr Freiraum gewähren, den es in der Jugendzeit nicht erhalten hat. Während der ganzen Therapiearbeit ist es wichtig, die wahren Umstände der Kindheit anzuschauen. Es braucht Zeit, die authentischen Bedürfnisse und Gefühle des inneren Kindes zu akzeptieren und zu entwickeln. Die defizitären Bedürfnisse des inneren Kindes werden mit Akzeptanz und wachsender Herzensliebe aufgefüllt. Daraus entsteht eine gesunde Selbstliebe.

Die ersten wichtigen Schritte zur Transformation des inneren Kindes sind getan. Das Leben kann sich nach innen und somit auch nach außen, zur Umwelt hin, neu orientieren. Die Grundbausteine sind Liebe und Vertrauen. Die Lebensenergie von Marianne kommt in Fluss, ihre Lebensqualität wird durch das Resonanzgesetz *Wie innen, so außen* gesteigert. Partner- und Freundschaften bauen sich nun auf Freiheit und Vertrauen, nicht länger auf Anpassung oder Kontrolle auf.

Marianne erlebt immer öfter Momente in der Natur oder im Urlaub, wo sie sich absolut gut fühlt. Sie öffnet sich und genießt das Leben mit all ihren Sinnen. Bei der Arbeit macht sich ihre gewissenhafte alte Teilpersönlichkeit noch ab und zu bemerkbar. Marianne hat jedoch Tipps erhalten, wie sie mit solchen Situationen besser umgehen kann. Ihre strenge und harte Seite weicht langsam auf, und sie kann immer wieder aus vollem Herzen lachen.

i. Der Magier und der Mystiker

Das Wort *Magie* stammt aus dem Griechischen und meint *Magos*, das oder der Große, der Weise. Magie hat aber auch die Wortwurzel gemeinsam mit Machen und Maschine. Nach dem Duden ist es die Kunst, die sich übersinnliche Kräfte dienstbar zu machen sucht. Der Magier gestaltet mittels seiner Gedanken-, Willens- und Lebenskraft und macht sich so zum Schöpfer seiner Realität. Die Gefahr, sich zu verirren und in eine egoistische Manifestation abzugleiten, ist groß.

Mystik stammt ebenfalls von einem altgriechischen Wort ab. *Myein* bedeutet: *Den Mund oder die Augen zu schließen.* Der Mystiker sucht die absolute oder göttliche Wirklichkeit durch eine innere Erfahrung. Durch Kontemplation oder Meditation verbindet er sich mit den Mysterien der Natur und des Lebens. Er ist nicht eingreifend und lässt voller Hingabe zur Schöpfung das Leben durch sich hindurchfließen. Er erfährt es aus seinem Inneren heraus. Diese Eigenschaft könnte man archetypisch dem weiblichen Prinzip zuordnen, wogegen das Magische dem männlichen Prinzip innewohnt.

Beide Prinzipien sind in uns vorhanden. Die Diskrepanz zwischen Magier und Mystiker löst sich, wenn man sich beider Energiefelder bewusst wird. Sie beide zu integrieren und jeweils zur passenden Zeit zu leben, ist die Kunst des Lebens überhaupt. Es ist in Mode gekommen, die vermeintliche Abkürzung zu nehmen und mehr den magischen Weg zu gehen. Visualisation, positive Ausrichtung, Vision und Programmierung ist nötig, um dem Leben eine Richtung zu verleihen. Dies wird aber sehr anstrengend und fade, ohne den unterliegenden mystischen Pfad mit einzubeziehen.

Der Weg des Mystikers ist mit einer tiefen Hingabe zur Natur verbunden. Der einmal eingeschlagene Weg ist mit subtiler Energie gepflastert, aber nicht ohne Wunder. Eine nachhaltige Seelengesundheit ist dieses Weges wertvoller Lohn. Beim Aufenthalt in der Natur begibt man sich in ein stark wirkendes Heilungsfeld.

Der Schamane verbindet beide archetypischen Qualitäten, die mystische und die magische, in seinem Wirken und wird so zum

Vermittler der diversen Welten. Roberto Assagioli spricht von Liebe und Willen, vom empfangenden und gebenden Prinzip. Beide Qualitäten zu vereinigen, ist eine wahre Lebenskunst. Stille und Leere im Geist zu erreichen, kann der Inhalt einer meditativen Praxis sein, wie auch das Erreichen der eigenen Wünsche und Ziele. Die Balance zwischen einer vertrauensvollen Hingabe an das Leben und einer impulsgebenden Planung des Lebens sind natürliche, überall in der Natur und im Leben zu findende Ergänzungen. Das *Yin* und das *Yang* bedingen sich gegenseitig und geben mit ihrer Spannung den Impuls für das Lebendige, für die Rhythmen des Lebens.

Wirken Yin und Yang im Leben nicht mehr als Gegensätze, kommt in der höheren Entwicklungsstufe das dritte Element hinzu: „Dein Wille geschehe!" Schöpferin und Schöpfer zu sein, jedoch immer in der Verbundenheit mit Himmel und Erde, so die universelle oder göttliche Schöpferenergie durch sich hindurchfließen lassend. Dankbarkeit für das Leben empfindend, sich der Schöpfung darbietend. Diese Haltung mündet in ein unverrückbares Vertrauen in das Leben. An dieser Quelle angeschlossen, ist die Lebensenergie unerschöpflich.

j. Transformation der Persönlichkeit

„Ich habe einen Körper, aber ich bin nicht mein Körper.
Ich habe Gefühle, aber ich bin nicht meine Gefühle.
Ich habe Verlangen, aber ich bin nicht mein Verlangen.
Ich habe Verstand, aber ich bin nicht mein Verstand.
ICH BIN EIN ZENTRUM REINER SELBST-BEWUSSTHEIT."

Disidentifikations-Übung von Roberto Assagioli *

Schritte der Heilung erfolgen über das Erkennen, Benennen, Bewusstwerden und Neueinordnen der inneren Persönlichkeitsstrukturen. Der erste Schritt, die psychodynamischen Strukturen zu erkennen, kann erst erfolgen, wenn man sich von ihnen disidentifizieren kann. Die Fähigkeit, sich zu disidentifizieren, steigt mit der Selbstwahrnehmung und der Wahrnehmung des eigenen Selbst als unantastbarer Entität. Dazu ist die bereits erwähnte Disidentifikations-Übung von Roberto Assagioli ideal.

Aus diesem Zentrum des Selbst heraus gilt es, sich von den spezifischen Körpergefühlen, Emotionen oder Gedanken einer Teilpersönlichkeit zu distanzieren. Somit kann das Selbst (der Regisseur) wieder sein eigenes Leben gestalten und gibt die Führung nicht an seine Teilpersönlichkeiten (Schauspieler) ab.

In meiner Praxis führe ich meine Klienten in einen tiefen Entspannungszustand (Theta-Zustand). Dadurch eröffnet sich der Zugang ins tiefe Unbewusste. Dieser meditative Zustand führt über die lineare Ebene hinaus in die Dimensionen des Unbewuss-

* Roberto Assagioli, *Handbuch der Psychosynthesis*, Freiburg im Breisgau 1978, S. 162

ten. Hier wirkt keine Zeit, sondern nur die Summe des jemals Erlebten und Empfundenen. Das Denken macht der Wahrnehmung Platz. Unbewusst gespeicherte Traumata aus der Kindheit und aus früheren Inkarnation werden zugänglich. Dieser tiefenentspannte Zustand ist das ideale Milieu, um die im jetzigen und in multiplen vorherigen Erdenleben entstandenen Verschiebungen und Defizite zu erkennen und zu benennen. Die Fähigkeit, beobachten und benennen zu können, fördert eine disidentifizierte Haltung. Der erste Ausstieg aus dem inneren Drama ist gemacht. Der Klient begleitet nun seine inneren Teilpersönlichkeiten, ich nenne sie auch gerne *abgespaltene Seelenanteile*, empathisch mit einer liebevollen inneren Kommunikation.

Die inneren Persönlichkeits-Strukturen werden somit zurechtgerückt und neu eingeordnet. Ihre wahren Bedürfnisse werden gefühlt und gestillt. Dieses empathische Einfühlen, das tiefe Verstehen und Begleiten in Achtsamkeit und Liebe, entschärft das Drama der damaligen Situation. Letztendlich geht es um die Freiheit, seine persönliche Geschichte neu schreiben zu können. Dieser Vorgang initiiert die Integration und Transformation der Persönlichkeit auf einer höheren Ebene. Die Persönlichkeit wird harmonischer und reifer, sie kann sich nun ihren Potenzialen zuwenden. Diese Ganzheit oder Synthese erreichen wir nach intensiver Arbeit an uns selbst.

Die ehemals gestaute oder abgetrennte Lebensenergie fließt nun nicht nur freier, sondern innewohnende Potenziale werden freigelegt und zugänglich. Ein besonders schöner Moment ist es beispielsweise, wenn das Wissen um die Heilkräuter zu einem wiedergefundenen Talent wird, nachdem es jahrhundertelang, etwa aufgrund von Hexenverfolgungs-Traumata, verschüttet war, oder wenn das Leben nach der Befreiung des belasteten inneren Kindes spontan und voller Lebensfreude wird. Wenn der erlöste *innere Kritiker* die Fähigkeit einer differenzierten Einschätzung entwickelt; wenn der *Saboteur* zum inneren Helden mutiert, die kontrollierende *Übermutter* sich zur mütterlichen Person entwickelt; wenn die *Verdrängerin* zur authentischen Person mit Profil oder die *Helferin* zur einfühlsamen Therapeutin wird, aber nur, wenn ihre Hilfe gefragt ist.

In der hypertrophierten oder blockierten Teilpersönlichkeit erahnt der geübte Therapeut die Thematik und das Ziel des Erlösungsweges. Er erkennt das dem Drama innewohnende Potenzial, das es zu entwickeln gilt. Dies sollte letztendlich der Fokus und das Ziel einer zeitgemäßen Begleitung sein: Das Erkennen des unterliegenden Dramas und möglichst bald die Befreiung und Heilung. Das „weg von was" soll bewusst aufgedeckt werden, aber wichtiger ist das „wohin zu", nämlich hin zum Potenzial. Der neu gewonnene Lebenssinn motiviert und stimuliert die Vitalkräfte und damit eine ganzheitliche Gesundheit der Persönlichkeit.

Die Lebensenergie fließt immer freier, innere Potenziale und die wahre Berufung zeigen sich. Ein Sich-in-der-Mitte-fühlen und innerer Friede machen sich breit. Das Leben wird immer intuitiver, weil die Impulse aus dem Inneren gefühlt oder gehört werden. Das Leben wird kreativ und lebendig. Der Körper wird gesünder und vitaler. Ein Nach-Hause-kommen und Sich-einfinden-im-SEIN öffnen nun die Persönlichkeit für den nächsten Entwicklungsschritt: die Transzendenz.

k. Das Erblühen der Rose.

Der Psychiater Roberto Assagioli beschreibt seine mit Patienten durchgeführten Meditationen als besonders wirksam für die Persönlichkeitsentwicklung.

Als Vorbild nahm er die Mythologie der Gralssage aus Richard Wagners Opern *Parzival* oder *Lohengrin* und den Weg Dantes in seiner *Göttlichen Komödie.* Assagioli führte seine Patienten bei Gruppenmeditationen nicht nur zu verborgenen Inhalten ihres Unterbewusstseins, sondern immer auch zum Erlösungsweg nach oben, zu ihrer Potenzialentfaltung hin. Nach dem Abstieg folgte der Aufstieg. Dies war ganz im Sinne seiner Psychosynthese, wo es keine Trennung zwischen Innerem und Äußerem, zwischen spirituellem und weltlichem Leben geben sollte. Ein dynamisches Ausbalancieren von beidem, eine Wechselbewegung des inneren Erforschens und des spirituellen Wachstums, der am Ende dahin führte, einen wirksamen Dienst in der menschlichen Welt zu leisten.

Mit seiner Übung „Das Erblühen der Rose“ nimmt Roberto Assagioli die Blüte als Symbol für die Seele, für das spirituelle Höhere Selbst und das Göttliche. In Indien und Tibet steht die Lotosblüte, in Persien und Europa die mystische Rose als Symbol für das innere Erwachen. Assagioli lehrt, die Visualisierung der aufgehenden Rose sei ein besonders anregender und evozierender psychodynamischer Prozess. „Solch ein dynamisches Symbol des Erblühens entspricht einer tiefen Realität, einem grundlegenden Lebensgesetz, das sowohl den menschlichen Geist als auch den

Prozess der Natur beherrscht." „Unser spirituelles Sein, das Selbst, unser wesentlichster und wirklichster Teil, ist verhüllt, begrenzt und eingeschlossen durch den physischen Körper mit seinen Sinneseindrücken, dann durch die Vielfalt der Gefühle und Impulse wie Furcht, Wünsche, Anziehung und Abstoßung und schließlich durch die ruhelose Aktivität unseres Verstandes." Weiter schreibt Assagioli: „Die Befreiung des Bewusstseins von den Fesseln ist eine unabdingbare Vorbedingung für die Enthüllung des spirituellen Zentrums."

Es ist die uns innewohnende Vitalität oder Lebendigkeit, die uns zur Befreiung, zum Wachstum und dann zur Transzendenz antreibt. Dies ist die Grundlage der folgenden Meditation, die für mich persönlich die Krönung aller geführten Meditationen ist. Auch hier finden wir das Prinzip der Einfachheit, die dem spirituell Erwachenden eigen ist.

Das Erblühen der Rose

Die Übung ist leicht erweitert, aber das Wesentliche ist von Roberto Assagioli* übernommen.

„Stelle Dir vor, dass Du Dich auf den Weg zu Deinem persönlichen inneren Garten machst. Spüre die Wärme der Sonne, höre die Laute der Natur und rieche ihre Düfte. Gehe den Weg, bis Du beim Tor Deines wundervollen Gartens ankommst. Öffne das Tor und schreite langsam durch Deinen Garten, bis Du an Deinem Lieblingsplatz ankommst, wo Du Dich hinsetzt.

Dort wächst ein Rosenstrauch, den Du jetzt aufmerksam betrachten möchtest. Du siehst den Wurzelballen, den Stängel, die Blätter und oben eine Rosenknospe. Die Knospe ist umhüllt von ihren Kelchblättern, nur ganz an der Spitze kannst Du ihre Farbe erkennen. Du nimmst dieses Bild ganz in Dich hinein. Jetzt spürst Du eine langsame Bewegung. Die Kelchblätter fangen an, sich ganz langsam zu entfalten, drehen ihre Spitzen nach außen und enthüllen ihre farbigen, noch geschlossenen Blütenblätter. Ganz langsam öffnen sich nun die Blütenblätter der Rose, bis sie voll aufgeblüht und entfaltet ist. Rieche ihren lieblichen Duft! Was spürst Du dabei, welche Emotionen nimmst Du wahr? Spüre nun die der Rose innewohnende Lebenskraft, die Kraft des ganzen Rosenstrauches, welche die Rose zum Erblühen

* Roberto Assagioli, *Handbuch der Psychosynthesis*, Freiburg im Breisgau 1978, S. 266

bringt! Nimm diese Erfahrung ganz zu Dir, in Dich hinein – und werde selber zur aufblühenden Rose!

Lasse die Rose das Symbol für Dein Leben sein, und tauche ganz ein in ihre Mitte. Lasse nun ein Symbol entstehen, das Dir zeigt, was in Deinem Leben an Schönheit und Kreativität zur Entfaltung kommen möchte! Sei ganz absichtslos und lasse Dir Zeit. Sei offen für die Botschaft von Deiner Seele, für die Botschaft von Deinem höheren Selbst.“

V.
Die Heilkräfte der Pflanzen

a. Was kann die Pflanzenheilkunde besser?

Eine perfekte Schöpfung schließt ein perfektes Heilungssystem ein. Da der Mensch, systemisch gesehen, eine Zelle des gesamten Planeten ist, hält unser Planet alle nötigen Heilmittel für seine Zellen, respektive für seine Menschen bereit. Auch unser Körper weiß, wie er mit einem schwächenden Element umgehen oder es kompensieren kann. Wie die Natur, so besitzt auch der Körper Selbstheilungskräfte und sogar ein innewohnendes Reinigungsprogramm. Wie die Natur, so strebt auch der Mensch immer Richtung Mitte (Homöostase) und Richtung Widerstandskraft und Stabilität (Resilienz).

Schon Paracelsus wusste: „Wir werden nicht nur geboren durch unsere Mutter, sondern auch durch Mutter Erde, die mit jedem Mundvoll Nahrung täglich Einzug in uns hält." Die Pflanzenwelt bietet uns nicht nur Nahrung, sie ist auch die von der Schöpfung zur Verfügung gestellte perfekte Apotheke. Die Pflanzen beinhalten Wirkstoffe wie Mineralien, Vitamine, Enzyme und Spurenelemente in passender Kombination und somit bester Bioverfügbarkeit.

Die Pflanzenheilkunde erfasst den Menschen ganzheitlich, somit auch auf der relevanten Ursachenebene. Um das passende Heilmittel zu verschreiben, ist die innere Verbindung des Heilers mit seinen Patienten die ideale Voraussetzung. Hat der Heiler das Wesen und das Wissen um die Heilpflanzen einmal verinnerlicht, spürt er, mit welchen Pflanzen sein Patient in Resonanz geht. Im besten Fall kennt er die Nöte, Gewohnheiten und die not-wendigen Entwicklungsschritte seines Patienten. Die Aufgabe des Heilers ist es, als Medium zwischen der Pflanze und dem Menschen zu wirken.

Idealerweise ist der Heiler gleichzeitig Sammler und Zubereiter des Medikamentes. Ich verwende hier gerne das Wort *Medikament* und gebe ihm die ursprüngliche Bedeutung des *Vermittelns* = *mediare* zurück. Verbunden mit dem Klienten, verbunden mit der Schöpfung, insbesondere der Pflanzenwelt, gereinigt auf allen Ebenen, stimmt sich der Pflanzensammler ein und wird genau zur richtigen Pflanze an den richtigen Ort geführt. Er bereitet das Medikament in dieser geläuterten, verbundenen inneren Haltung zu. Keine negativen, abschweifenden Gedanken trüben sein energetisches Feld. Die Heilmittelherstellung wird so zu einem kreativen, alchemistischen Schöpfungsakt. Maria Treben, Hildegard von Bingen oder Edward Bach haben ihre Pflanzenheilkunst in dieser vorbildlichen Haltung, in geistig-seelischer Verbundenheit, gelebt.

Je feinstofflicher ein Medikament ist, desto nachhaltiger wirkt es auf der Ursachenebene. Diese Ebene liegt im Äther- und im Emotionalkörper des Menschen. Beispiele finden wir in der Homöopathie, der Spagyrik und in der Bachblüten-Therapie. Je grobstofflicher, stärker mit Wirkstoffen angereichert das Medikament ist, desto mehr wirkt es im chemischen Bereich, das heißt auf der Körper- und Organebene. Die klassische Phytotherapie profitiert von dieser Anwendung. Bei den *Ceres-Urtinkturen* finden wir das ganze Heilspektrum von den Wirkstoffen über das Wesenhafte bis hin zu den Informationen der Pflanze. Der Wirkungskreis spricht somit die Einheit des Menschen von Körper-Seele-Geist an.

In der sensiblen Pflanzenheilkunde gilt der Grundsatz: Je achtsamer und „ganzheitlicher" eine Pflanze verarbeitet wird, desto mehr bleibt ihre Kraft erhalten, desto mehr wirken ihre Wesenskraft und die dahinterstehenden Pflanzen-Devas. Pflanzen-Extrakte und isolierte Wirkstoffe sind für den Körper sicherlich stärkender als synthetisierte Stoffe, haben aber nicht dieselbe Tiefenwirkung wie ein ganzheitlich wirkendes natürliches Heilmittel. Menschliche Versuche, das Leben nachzuahmen, zu verlängern oder Krankheiten zu heilen, ohne die Schöpfungsgesetze zu berücksichtigen, erscheinen arrogant. Somit ist ein aufgespaltetes Heilmittel immer weniger wirksam als ein auf mehreren Ebenen wirkendes Mittel. Auch reicht ein Heilmittel allein nicht aus, wenn nicht die Lebensführung und die Lebensumstände der Seele entsprechend korrigiert werden. Eine Symptombekämpfung alleine ist sogar gefährlich und wird früher oder später problematisch, wenn nicht der ursächliche Konflikt zuerst abgebaut wird.

In meiner Praxis stimme ich mich mit einer neutralen, möglichst leeren, doch geordneten inneren Haltung auf mein Gegenüber ein. Wenn ich die Konflikte und die disharmonischen Teilpersönlichkeiten meines Klienten erfasst habe, erscheint der Deva der benötigten Pflanze intuitiv vor meinem inneren Auge. Ich finde es sehr förderlich, dass auch mein Klient eingestimmt ist und aktiver Mitschöpfer seines Prozesses wird. Im besten Falle erscheint der Geist der Pflanze ihm ebenfalls – und so beginnt ihre Heilwirkung.

Eine andere Art und Weise in der therapeutischen Praxis mit dem Geist der Natur zu arbeiten, ist die der *geführten Meditation*. Diese Form der meditativen Praxis üben wir in einer Meditations-Gruppe. Bei den Einzelbegleitungen in der psychologischen Praxis steige ich nach einem klärenden Gespräch gerne mit dieser Technik ein, um dann entspannt in die Tiefe gelangen zu können. Um im Jetzt anzukommen, verbinden wir uns so mit der Natur, wie sie gerade ist, zum Beispiel mit der Jahreszeit, seien es die nach innen gekehrten Säfte im Winter oder die sprießenden Kräfte im Frühjahr. Sich mit der momentanen meteorologischen Situation zu verbinden, ist unterstützend, um ganz ins *Hier und Jetzt* zu kommen sowie die Sinne und den Beobachter für das zu öffnen, was gerade ist.

Jede Wendung nach innen fange ich mit dem Fokus auf die Atmung an. Der Atemkreislauf startet damit, die *Erd-Energie* über das Becken oder direkt über das Steißbein in die Wirbelsäule zum Herzen zu ziehen und sich mit dem Herzen von *Mutter Erde* zu verbinden. Es lohnt, sich für diese erdende Übung Zeit zu lassen, sie ist die Basis für alle weiteren inneren Wahrnehmungen. Erst dann macht es Sinn, sich auch über das Kronen-Chakra mit dem kosmischen Zentrum zu verbinden.

Menschen, die Mühe haben, sich zwischen Himmel und Erde zu verbinden und sich zu spüren, gelingt es spätestens nach dieser Anleitung, sich vorzustellen, dass sie mit dem Rücken an einem großen starken Baum lehnen und ihre Wirbelsäule sich ganz mit dem Baum verbindet. Die Erdung erfolgt über die Atmung in die Baumwurzeln und die Verbindung nach oben über die Krone des Baumes. Diese kraftvolle Baumübung wende ich auch gerne an, wenn Klienten traumatische Erlebnisse auflösen und die Gefahr besteht, dass sie den Boden unter den Füßen verlieren. Die Kraft der Bäume wirkt sofort stabilisierend. Je nachdem wähle ich eine Eiche oder lasse sie sich ihren Lieblingsbaum oder ihren Lieblingsplatz in der Natur selber auswählen.

Wenn kein Zugang zum inneren Kind, kein Zugang zu einer vertrauensvollen Bezugsperson besteht, so sind ein Lieblingstier, die Natur und ihre Wesen den Menschen immer wohlgesonnen und übernehmen oft die Rolle der leiblichen Eltern. Die Verbindung mit der Natur festigt das Wurzel-Chakra, welches mit den Qualitäten von Vertrauen und Struktur verbunden ist. Traumata und Lebens-Ängste zeigen sich energetisch oft in einer mangelhaften Erd-Verbundenheit. Diese Menschen haben Mühe, einem geregelten Alltag nachzukommen.

In einem weiteren Schritt kann die Verbindung mit der Natur auch ein Herzöffner für verletzte, verschlossene Herzen sein. Ist doch die Liebesfähigkeit, im Besonderen die Selbstliebe, die beste Heilungsenergie. Auch dies zählt zur Aufgabe der therapeutischen Praxis, die Menschen ins Vertrauen und letztlich in die Selbstliebe zu führen. Vertrauen und Liebe bilden die zwei wichtigsten Grundbedürfnisse des Menschen.

Die Verbindung mit der Natur stellt eine enorme Ressource in der psychotherapeutischen Praxis dar, vor allem in der Trauma-

Therapie. Sie ist die Basis für eine *Rück-Verbindung* zu sich selbst und wird dann im wahrsten Sinne dem Wort *Religio* (Rückverbindung) gerecht.

b. Die Signaturen-Lehre in der Pflanzenheilkunde

„Schläft ein Lied in allen Dingen,
Die da träumen fort und fort,
Und die Welt hebt an zu singen,
Triffst Du nur das Zauberwort."

Joseph von Eichendorff, 1835

Die wichtigsten Urväter der klassischen Signaturen-Lehre sind Paracelsus und der italienische Alchemist Giambattista della Porta (1535-1615) mit seinem Werk *Physiognomik der Pflanzen.* Auch der vor rund hundert Jahren wirkende englische Arzt Edward Bach hat sich weniger mit den Wirkstoffen als vielmehr mit dem Wesen von Mensch und Pflanze befasst. In unserer Zeit beschäftigen sich der Schweizer Roger Kalbermatten mit seinen Ceres-Urtinkturen sowie der Allgäuer Ethnobotaniker Wolf-Dieter Storl intensiv mit dem Wesen, der Form und der Wirkung der Heilpflanzen.

Die klassische Lehre der Signaturen beobachtet die Zeichen in der Natur und bringt sie in Verbindung mit Ähnlichkeiten und Verwandtschaften beim Menschen. Diese Zeichen können die astrologische Stellung der Planeten sein, die das Wetter, die Jahreszeiten, Menschen, Tiere und Pflanzen prägen. So wie die Wellen eines Gewässers auf seinem Sandboden Prägungen hinterlassen, so prägt jede Bewegung, jede Energie den Ausdruck und die Form der Materie.

Um Signaturen in der Pflanzenheilkunde zu ergründen, werden Form, Gestalt, Farbe, Beschaffenheit, Geschmack und, ganz besonders wichtig, das sie umgebende Milieu betrachtet. Diese Eindrücke werden in Zusammenhang mit Ähnlichem innerhalb des menschlichen Systems gebracht. Zum Beispiel ähnelt der Ackerschachtelhalm in seinem Aussehen der menschlichen Wirbelsäule und bietet sich somit als das entsprechende Heilmittel an. Nicht zufälligerweise ist die Kieselsäure, das Silizium, ein wichtiger chemischer Bestandteil dieser Pflanze und zugleich der Baustein für Bindegewebe und Knochen.

Nach Roger Kalbermatten gilt es, die Spezialitäten in der jeweiligen Pflanzenfamilie zu eruieren. Sie seien Träger der größten Wirk- und Heilkraft. Die Pflanze, die am auffälligsten aus der Mitte ihrer Familie gefallen ist, hilft dem Menschen, in seine Mitte zurückzukehren.* Die Rückführung zur Mitte, die sogenannte Homöostase, ist einer der wichtigsten Grundsätze in der ganzheitlichen Heilmedizin. Als Beispiel nennt Kalbermatten den Lavendel, der, anders als seine Artgenossen der Lippenblütler, die Blüten weit weg von den Blättern, Richtung Himmel, in die Höhe erhebt. Diese Pflanze vermag es, den Menschen seelisch zu klären und zu transzendieren (*lavare* = Klärung, Reinigung). Man beachte auch die transzendierende Farbe Lila des Lavendel. Wenn dann die Wirkstoffe auch noch in diese Richtung zeigen, ist das Heilmittel perfekt.

* Roger Kalbermatten, *Firma Ceres, Wesen und Signatur der Heilpflanzen*, Aarau 2002, S. 25 - 27

Die Signatur kann nie nur intellektuell erfasst werden. Fähigkeiten wie Konzentration, Kontemplation, Meditation und letztendlich Intuition sind zu erlangen, um in der Form und im Wesen die Signatur der Pflanzen zu erkennen. Diese Felder können direkt während des Aufenthalts in der Natur erspürt, aber auch während einer energetischen Therapiesitzung geistig wahrgenommen werden. Ein wahrer Meister ist derjenige, der die unterliegenden Energiefelder der Pflanzen und ihres Standortes sowie auch das Wesen des Menschen und sein umgebendes Energiefeld wahrnehmen kann. Ist der Heiler oder Therapeut dazu noch inspiriert, kann er seinen Klienten optimal begleiten. Die Kombination einer psychologischen Begleitung mit der Einnahme von Pflanzen-Heilmitteln ist ideal. Sie bietet die Chance auf die höchstmögliche Heilung. Ist der Mensch wieder im Flow, verändert sich sein energetisches Feld. Nach dem Resonanz-Gesetz können Gesundheit und Lebensumstände sich nun auf einem höheren Niveau manifestieren.

c. Lebendige Pflanzenheilkunde

Besonders eindrücklich und unvergesslich sind für mich die lebendigen Geschichten, die meine Lehrer Wolf-Dieter Storl und Roger Kalbermatten an uns weitergaben: Geschichten ihres eigenen Erlebens während der Begegnung mit Pflanzen-Wesenheiten. Die Weitergabe des Wissens um das Wesenhafte der Pflanzen stellt einen unermesslichen Erfahrungs-Schatz dar. Es geht viel tiefer als das rein intellektuelle Wissen um die Pflanzen und macht die Pflanzenkunde zur Pflanzen–heil-kunde. Ich bin überzeugt, dass die Signaturen-Lehre oder das tiefere Wissen um die

Wesenheiten der Heilkräuter nur in dieser Form der persönlichen Überlieferung weitergegeben werden können.

Wolf-Dieters Exkursionen sind legendär. Als Ethnobotaniker hat er nicht nur sehr viel Wissen über und um die Pflanzen, sondern er bringt seine weltweiten, oft bei den Ureinwohnern gesammelten Erfahrungen mit in den Unterricht. Ich erinnere mich an eine Stadtkräuter-Exkursion inmitten der Stadt Zürich. Wolf-Dieters Geschichten waren so umfänglich, seine Wahrnehmung so fokussiert, dass wir einen ganzen Tag brauchten, um die Pflanzen auf der Strecke vom Bellevue bis zur dreihundert Meter entfernten Badeanstalt Utoquai zu besprechen. Trotz des mit Steinen befestigten Zürichsee-Ufers fand er immer wieder ein Kraut, über welches es viel zu erzählen gab. Einmal dozierten wir beide zusammen über die Bachblüten, natürlich draußen, im Botanischen Garten, es war ein unvergesslicher Tag mit einer lebendiger Naturheilkunde.

Eines der für mich eindrücklichsten Signaturen-Erlebnisse vermittelte uns Wolf-Dieter Storl bei einem weiteren Unterrichtstag. Er war, natürlich allein und mit geschärften Sinnen, im schweizerischen Jura unterwegs. Plötzlich ergab sich die Begegnung von Auge zu Auge mit einem Marder. Die tiefschwarzen, wilden Augen des Tieres hatten auf Wolf-Dieter eine hypnotische Wirkung. Diese Augen waren ein Zeichen oder der bewachende Dämon des mächtigen Pflanzen-Devas der Tollkirsche selbst. Dieses Hexenkraut hatte eine beeindruckende Aura. Der Botaniker hatte keine Chance, an sie heranzukommen. Kurz nach der Begegnung setzte ein so heftiger Regen ein, dass er sich zurückziehen musste.

Auch der Unterricht bei Roger Kalbermatten fand zum größten Teil draußen in einem schön angelegten Kräutergarten statt. Auf dem hoch über dem Bodensee gelegenen Anwesen konnten wir seine Ausführungen nicht nur intellektuell, sondern mit allen Sinnen wahrnehmen. Passend zu den Pflanzen, gab er eigene Geschichten und Erlebnisse zum Besten. Besonders eine Geschichte um Kalbermattens Erleben im Haferfeld bleibt mir in lebendiger Erinnerung. Er wählte den Hafer als Heilpflanze, weil er anders ist als die anderen Getreidearten. Seine Rispe zeigt sich in ihrer sichtbaren Signatur in einer anderen Form als seine Artgenossen und mit einer besonders hohen Beweglichkeit. Die Rispe nimmt jede Erschütterung auf, und man könnte sagen, sie sei besonders feinfühlig.

Wieder einmal verbrachte Kalbermatten Tage in der Natur, um das Wesen des Hafers zu erfassen. „Plötzlich jagte ein aufgehetztes Reh über das Haferfeld, wo das sensible Tier Schutz suchte." Auch bei ihm hat sich der Pflanzen-Deva in der Begegnung mit einem Tier gezeigt.

Die Ceres-Urtinktur *Avena sativa*[*] (Hafer) eignet sich für gehetzte, aus dem Rhythmus gefallene, sensible und ängstliche Menschen. Menschen, die erschöpft sind und trotzdem keinen Schlaf mehr finden. Hafer beruhigt die Nerven von gestressten Menschen, die den hohen Anforderungen im Leben nicht nachkommen können. Es hilft ihnen, sich zu stabilisieren, besser zu zentrieren und abzugrenzen von Versuchungen der „kleinen Süchte" und anderen Zerstreuungen. Ebenso ist dieses Mittel

---

* Roger Kalbermatten, Hildegard Kalbermatten, *Pflanzliche Urtinkturen*, Aarau 2005, S.28

geeignet für die Suchtentwöhnung bei Cannabis- oder Zigarettenkonsum.

d. Wirkstoffe, Wesen und Information der Pflanze

Die gesundheitsfördernde Wirkung der Pflanzen reicht bis in die vegane Küche hinein. Sorgfältig gezogenes und liebevoll zubereitetes Biogemüse wird zum wertvollen nährenden Lebensmittel. Auch hier wirkt das Gesetz der Ganzheitlichkeit: Angefangen bei der Qualität der Erde über die Wahl des möglichst biodiversen Saatgutes bis hin zu der „Beseelung" des Anbaus durch die Anwesenheit der Pflanzen-Devas. Auch die liebevolle Ernte und die achtsame Verarbeitung sind in der Küche maßgebend. Im besten Falle wachsen das Gemüse, der Salat oder die Früchte in der nahen Umgebung, um die Zeitspanne zwischen Ernte und Zubereitung möglichst kurz zu halten. Die ätherische Energie aus dem eigenen Lebensraum ist immer besonders passend und auch immunstärkend. Solche Ernten enthalten besonders hohe Anteile an Biophotonen, welche wiederum mit ihren Informationen und Lichtkräften die Bioverfügbarkeit optimieren. Vitalstoffe nähren den Körper, die Biophotonen entsprechen den ätherischen Kräften, geben dem Organismus Informationen und laden unseren Ätherleib auf. Haben Sie schon einmal bemerkt, wie es sich anfühlt, wenn Sie hochwertige Lebensmittel zu sich genommen haben?

Je ganzheitlicher die Präparate in der Pflanzenheilkunde verarbeitet werden, desto wertvoller ist ihre Heilkraft. Eine Medizin, die mit lieblos isolierten Wirkstoffen arbeitet, kann niemals den Menschen in seiner ganzen Komplexität erfassen.

Klassische Phyto-Therapeutika, wie Tees, Tinkturen oder Auszüge, wirken mehr auf der physischen Ebene. Werden „nur" die Wirkstoffe aus einer Pflanze gelöst, wirken diese ausschließlich auf der körperlichen Ebene des Stoffwechsels und der Organe. Möchte man bei der Pflanzenverarbeitung aber ein energetisch und seelisch wirkendes „Heil-mittel" herstellen, so gilt es, eine Verarbeitung zu wählen, die im besten Falle Wirkstoffe, Wesenhaftes und Information enthält. Dies ist bei den Urtinkturen der Firma Ceres der Fall. Wir finden hier alle drei alchemistischen Wirkungsprinzipien: Sal, Sulphur und Mercurius. Der Körper entspricht den Wirkstoffen, die Seele entspricht dem Wesenhaften, dem Archetypen, und der Geist entspricht den Informationen der Pflanze. Ein perfektes Heilmittel ist mit allen drei Prinzipien, den Wirkstoffen (Physischer Körper, Sal), dem Wesenhaften (Seele, Sulphur) und den Informationen (Mentalkörper, Mercurius), ausgestattet.

Nach Roger Kalbermatten ist die Erscheinung, die Form einer Pflanze, nicht, wie die klassische Wissenschaft es vermittelt, von der Genetik der Pflanze abhängig. Die DNA ist „nur" Träger der Lebensfunktionen der Pflanze. Hinter jeder Pflanze steht jedoch eine Energie, ein Wesen oder ein Archetyp, die ihr die Form und letztlich mehr als die Form, die Signatur, verleiht. In jeder Pflanze ist somit ein Wechselspiel zwischen Genetik und Archetyp vorhanden. Der hinter der Pflanze stehende Archetyp eröffnet dem Menschen einen Entwicklungsweg, der über das Funktionelle hinausführt. Das Potenzial der heilen Pflanzen führt somit in die subtilen Ebenen des Heil- oder Ganzwerdens, des Heilens. Die Heilpflanzen erhöhen mit ihrem Wesen den Menschen und führen ihn in eine Entwicklungsdynamik.

Das optimal passende Heilmittel findet der Therapeut, wenn er den Archetyp seines Patienten aufdeckt und den passenden gleichen oder ähnlichen Archetyp, der hinter den Pflanzenheilmitteln steht, als Medikament auswählt.

Die Firma Ceres liegt ein paar Dörfer entfernt von meinem Wohnort. Mit meinen Studentinnen hatte ich mehrmals die Gelegenheit, diesen wundervollen Ort zu besuchen und bei den öffentlichen Führungen mehr über die Firmenphilosophie sowie über die sorgfältige Verarbeitung der Pflanzen zu erfahren. Weil Pflanzen reaktionsfähige, lebendige Organismen sind, wird auf die Verarbeitung der Pflanzen besonderer Wert gelegt. Angefangen von der Ernte bis zur Abfüllung, ist bei der Firma Ceres die Beziehung zwischen Mensch und Pflanze essenziell.

Das mittelblau farbige Gebäude des Unternehmens am Bodensee ist mit einer speziellen Architektur und aus natürlichen Baustoffen gebaut. Bevor man es betritt, wird man durch einen wunderbaren Kräuter- und Heilpflanzen-Garten geführt. Roger Kalbermatten war es ein Anliegen, seine Fabrikationsstätte in einer gesunden Größe, mit nicht mehr als dreißig Mitarbeitern, zu planen. Ebenso sollte die Stätte nicht zu weit entfernt von den Ernte-Standorten sein. Der zweite Ernte- und Verarbeitungsstandort liegt im sonnigen Wallis, im Süden der Schweiz. Es werden nur so viele Wildkräuter gesammelt, damit die natürliche Vermehrung der Pflanzen nicht beeinträchtigt wird. Von Hand und zum richtigen Ernte-Zeitpunkt, abhängig von Mondstand und Wetter, wird geerntet.

Dann folgt der für mich besonders beeindruckende Schritt des Schneidens der Kräuter von Hand – und dies mit der kleinstmöglichen Verletzung der Pflanzen. Nach der sorgfältigen Zerkleinerung folgt das Beimengen von Wasser und Alkohol und das Mahlen in einer eigens für Ceres entwickelten Mörsermühle. Das Mahlwerk zerkleinert mit der energetisierenden Bewegung der Form der liegenden Acht, der Lemniskate, die Kräuter und schließt so nach homöopathischem Vorbild die Wirkstoffe auf. In wundervollen Tongefäßen wird das Mahlgut regelmäßig über einige Wochen, durch Rühren mit einer Holzkelle, rhythmisiert. Über zwei bis drei Jahre hinweg folgt der Schritt der Ausreifung zu den Urtinkturen. Roger Kalbermatten vergleicht diesen Schritt mit der Reifung eines guten Weines.

Die gehobene Stimmung und die achtsame Energie ist im ganzen Haus spürbar. Die Herstellung mit der Haltung der Achtsamkeit, Dankbarkeit und Liebe zu den Pflanzen ist sicher einer der Erfolgsfaktoren für diese beliebten Urtinkturen.

Nun gibt es aber auch ausgewählte Verfahren, die mehr auf die Informationen der Heilmittel abzielen. Die Heilpräparate aus der Informationsmedizin wirken eher feinstofflich auf den Ätherkörper des Menschen. Dies sind Heilmittel ähnlich denen der Homöopathie, der Schüssler-Salze, der Spagyrik oder der Bachblüten-Therapie.

e. Edward Bachs Blütenessenzen

Dr. Edward Bach hat von 1886-1936 in England gelebt. Die für sein späteres Wirken und für die Entdeckung seiner Therapie wichtigen Eigenschaften, wie Mitgefühl für Kranke, für leidende

Menschen und für Tiere, sowie eine große Sensitivität machten sich schon beim jungen Edward bemerkbar. So erstaunt es nicht, dass er sich anstelle der Arbeit in der väterlichen Messinggießerei für das Studium der Medizin entschied. Auch ein Theologiestudium zog der junge Engländer in Erwägung.

1906 beginnt er sein Medizin-Studium in Birmingham und London. Später, als junger Assistenzarzt an der bakteriologischen und immunologischen Abteilung, studiert er den Zusammenhang zwischen menschlichen Darmbakterienstämmen und chronischen Krankheiten. Nach der schweren Diagnose eines bösartigen Milztumors muss er seine Forschungen unterbrechen. Wie durch ein Wunder überwindet Bach diese Krankheit schon nach drei Monaten und gilt fortan als geheilt. Man könnte diesen Krisenmoment als Wendepunkt im Leben des Einunddreißigjährigen bezeichnen.

Er wendet sich fortan einer neuen Richtung der Medizin, der Homöopathie, zu. Im homöopathischen Krankenhaus von London kommt er mit der Lehre Samuel Hahnemanns (1755-1843) in Kontakt und ist fasziniert von dieser neuen Lehre. Zu dieser Zeit weitet er die Forschung um seine isolierten Darmbakterien weiter aus. Wie bei der *Miasmen-Lehre* Hahnemanns erkennt er den Zusammenhang von seinen Darm-Bakteriengruppen und den entsprechenden Gemütssymptomen seiner Patienten. Die erfolgreiche Verabreichung seiner zu Impfstoffen aufbereiteten Darmbakterien, den Nosoden, geben ihm Recht. Insgesamt erarbeitet Edward Bach sieben Darm-Nosoden (Bach-Nosoden) und teilt sie den entsprechenden Persönlichkeitstypen zu.

Seine Forschung stößt an Grenzen, denn gewisse nicht den *Miasmen* unterliegende Krankheiten lassen sich nicht mit seinen Nosoden heilen. Die Gemütszustände seiner Patienten erscheinen dem Arzt immer wichtiger, als ausschließlich ihre Krankheitssymptome zu betrachten. Der noch sensitiver gewordene Arzt gelangt zur Überzeugung, dass er neue Heilmittel aus der Pflanzenwelt, der wunderbaren Schöpfung Gottes, suchen sollte, um seine Patienten zu heilen.

Edward Bach verlässt 1930, auf dem Höhepunkt seiner medizinischen Karriere, seine Londoner Praxis und sein Labor. Er vertraut immer mehr seiner inneren Führung, die ihn zur Entdeckung der neuen Heilmethode mit den Blütenessenzen führt. Monatelang durchwandert der pflanzenmedial gewordene Arzt nun englische Landschaften und entdeckt so nach und nach die achtunddreißig Heilmittel, welche den archetypischen „Seelenzuständen" der Menschheit entsprechen.

Bach will eine Krankheit nicht mehr bekämpfen, sondern die Menschen mit den wundervollen Helfern aus der Pflanzenwelt unterstützen, ihren ureigenen Weg zu gehen. Als Homöopath war es für ihn immer schon essenziell, die Typologie und die Charakterzüge seiner Patienten zu studieren. Der aus der Mitte gefallene Archetyp im Menschen verursacht einen instabilen Seelenzustand und gibt Edward Bach so die Indikation, welche Blüte benötigt wird. Er stimmt sich bei seiner Suche nach den richtigen Heilmitteln jeweils auf seine Patienten ein und weiß intuitiv, welches das richtige Blütenmittel ist. Während der Auffindung der zweiten Serie seiner achtunddreißig Blütenmittel durchlebt der immer sensitiver gewordene Arzt und Heiler selber die jeweiligen Seelenzustände, die sich, nachdem er in die Natur ging und die entsprechende Essenz präparierte und einnahm, schnell besserten.

Edward Bach sammelt seine Blüten eigenhändig. Er beschreibt die Standorte und dokumentiert seine Behandlungen auf eine exakte Art und Weise. In achtunddreißig Blütenbildern schildert Edward Bach ausführlich und differenziert verschiedene Charaktermerkmale. Er hinterlässt uns ein gut dokumentiertes Werk. Interessant ist, dass er nicht mehr nur mit einer Essenz arbeitet, sondern Mischungen mit mehreren Blütenessenzen herstellt.

Edward Bach bereitet seine neuen Heilmittel mit der Sonnen- oder der Kochmethode zu. Das mit den Informationen der Blüte imprägnierte Sonnenwasser, der Sud, wird mit Alkohol gemischt. Wasser und Alkohol sind hier die Trägersubstanz für die Informationen der Blüte. Was nicht heißt, dass die Bach-Blüten sich nicht auf die ganze Persönlichkeit, also auch auf die Seelenebene, auswirken. Ist doch in der Information all das enthalten, was in die Form gekommen und was das Wesenhafte der Pflanze ist, inklusive ihrer Lebenskraft. Man kann auch sagen: Die Bachblüten wirken sich mit ihren Informationen im Ätherleib des Menschen aus und geben hier exakt die fehlende Information oder Schwingung zurück.

Edward Bach plädiert für Menschenwürde und Selbstbestimmung. Konsequent geht er seinen pionierhaften Weg. Vielen persönlichen und beruflichen Stolpersteinen trotzend, bleibt er sich stets treu und erfüllt seine Lebensaufgabe. Obwohl seine Methode mit Einfachheit einhergeht, ist sie erfüllt von Herzensenergie. Edward Bach gibt uns ein lebendiges Beispiel gelebter Liebe zur Schöpfung und allen Wesen gegenüber.

Bach beschreibt seine Ideale wie folgt:[*]

„Somit wird der Arzt der Zukunft zwei große Ziele haben. Das erste wird sein, dem Patienten zur Kenntnis über sich selbst zu verhelfen und ihn auf die fundamentalen Irrtümer und Fehler hinzuweisen, die er begehen kann. Solch ein Arzt muss sich eingehend mit dem Studium der geistigen Gesetze, die den Menschen beherrschen, sowie mit dem Wesen der menschlichen Natur beschäftigen, damit er bei seinen Patienten die Faktoren erkennt, die einen Konflikt zwischen der Seele und der Persönlichkeit hervorgerufen haben. Er muss imstande sein, dem Leidenden zu raten, welche Arten des Handelns gegen die Einheit er aufgeben und welche notwendigen Tugenden er entwickeln muss."

„Die zweite Pflicht des Arztes wird darin bestehen, solche Heilmittel zu verabreichen, die dem materiellen Körper helfen, Kraft zu gewinnen, dem Geist helfen, ruhig zu werden, seinen Horizont zu weiten und nach Vollkommenheit zu streben; die also Frieden und Harmonie in die ganze Persönlichkeit einkehren lassen."

1935 entdeckt Edward Bach die letzte Serie seiner Blütenheilmittel. Er beginnt nun, mit Vorträgen seine Therapie und seine Erkenntnisse einer breiteren Öffentlichkeit zugänglich zu machen. Er verfasst die Schrift: *Heile Dich Selbst*[**] und *Free Thyself.*[***]

1936 stirbt Edward Bach während einer Vortragsreise im Schlaf an einem Herzversagen. Er hinterlässt ein unschätzbares Werk,

---

* Mechthild Scheffer, *Die Original Bach-Blüten Therapie*, München 2013, S.22

** Edward Bach, *Heal Thyself*, 1931 Mount Vernon

*** Edward Bach, *Free Thyself*, 1932 Mount Vernon

welches in den Siebzigerjahren durch die Hamburgerin Mechthild Schefffer im deutschsprachigen Raum bekannt gemacht und gelehrt wurde.

Interessant ist, dass Edward Bach Blüten für seine Essenzen auswählt. Die Blüte ist das Symbol der höchsten Entfaltung der Pflanze, bevor sie Früchte trägt. Die Blütenessenzen fördern mit ihren Schwingungsimpulsen die dem Menschen innewohnenden Potenziale. Sie stimulieren durch ihre heilende Information Entfaltungsimpulse und sind so ein Geschenk der Liebe. Sie helfen den Menschen, ihre Persönlichkeit „erblühen" zu lassen und geben ihnen Schub für ihre Entwicklung. Die Blüten sind der dem Element Feuer unterstellte Teil der Pflanze. Erinnern wir uns an das Element Feuer als aktives schöpferisches Prinzip, welches für Transformation steht.

Lassen wir noch einmal Edward Bach selber zu Wort kommen über die Wirkungsweise seiner Essenzen:*

„Wie schöne Musik oder andere großartige, inspirierende Dinge, sind die Blütenessenzen in der Lage, unsere Persönlichkeit zu erheben und uns unserer Seele näher zu bringen. Dadurch schenken sie uns Frieden und entbinden uns von unseren Leiden."

„Sie heilen nicht dadurch, dass sie Krankheit direkt angreifen, sondern dadurch, dass sie unseren Körper mit den schönen Schwingungen unseres *Höheren Selbst* durchfluten, in deren Gegenwart die Krankheit wegschmilzt wie Schnee an der Sonne."

---

* Mechthild Scheffer, *Die Original Bach-Blüten Therapie*, München 2013, S.38

f. Bachblüten und Teilpersönlichkeiten

In diesem Kapitel werden Teilpersönlichkeiten aus dem Bereich des Opferdaseins und ihre entsprechenden Bachblüten einander gegenübergestellt. Die Opfer-Teilpersönlichkeit hat viele Gesichter. Einerseits ist man durch traumatische biographische Umstände zum Opfer geworden, andererseits macht man sich mit einer negativen Lebenseinstellung selbst zum Opfer seines eigenen Daseins. Eine weitere Gruppe stellen jene Persönlichkeiten dar, die mit allen Mitteln zu verhindern suchen, Opfer zu werden, und so zu Kontrollfreaks mutieren. Es sind die Persönlichkeiten, die nicht richtig im Leben anzukommen scheinen und sich lieber in eigenen Traumwelten aufhalten.

1. Centaury – Die Helfer-Teilpersönlichkeit

Kennen Sie jene gutmütigen, rücksichtsvollen und stets hilfsbereiten Menschen, die jeden Wunsch ihrer Mitmenschen erahnen können? Die Helfer-Teilpersönlichkeit hat einen siebten Sinn für die Bedürfnisse anderer entwickelt und blüht auf, wenn sie anderen etwas Gutes tun kann. Auf Ablehnung reagiert sie sehr empfindlich. Nicht „gebraucht“ zu werden, ist für die Centaury-Persönlichkeit verletzend. Ihr Lebensinhalt ist durch eine unbewusste Einforderung an Zuwendung von ihren Mitmenschen geprägt. Ihr Eigenwille und ihre Individualität sind eher schwach ausgeprägt. Im Laufe ihres Lebens hat die Helfer-Teilpersönlichkeit die eigenen Bedürfnisse zugunsten der Bedürfnisbefriedigung ihrer Mitmenschen aufgegeben. In einer subtilen Art kontrolliert sie die Szene, indem sie gelernt hat, sich symbiotisch ins Gegenüber einzufühlen. So überwacht sie, was auf sie zukommt. Man spricht auch von einem *Helfersyndrom*, welches bis zur Selbstaufgabe und emotionalen Abhängigkeit oder der Co-Dependenz von anderen reicht.

Dieser Form der Opfer-Teilpersönlichkeit liegt meistens ein Übergriff oder Missbrauch zugrunde. Die Sinne sind auf die innere Wahrnehmung ausgerichtet. Solche Menschen sind hochsensibel bis medial veranlagt.

Ihren Erlösungsweg findet diese Teilpersönlichkeit in der Stärkung ihres eigenen Willens und ihrer Selbstwahrnehmung, nicht in der Wahrnehmung der Bedürfnisse anderer. Zu lernen, die eigenen Bedürfnisse voranzustellen, Nein-sagen zu können und Grenzen zu ziehen, ist essenziell für diese Menschen. „Liebe dich selbst und du wirst deine Nächsten (automatisch) lieben!" Die Liebe kommt dann auch zu dir!

Ist diese Teilpersönlichkeit transformiert, sind es liebevolle Menschen, die ein Segen für die Gesellschaft sind. Sie helfen dann, wenn sie gefragt werden. Empathische Führungspersönlichkeiten, einfühlsame Therapeuten und Heiler, Mentoren und Lehrer sind Vertreter dieser Persönlichkeitstypen. In einer Beziehung werden sie zu liebesfähigen Partnern mit Begegnung auf Augenhöhe, jedoch ohne sich selbst aufzugeben. Erfolg und Lebensfülle stehen nun Tür und Tor offen.

Die passende Urtinktur für diese Thematik ist das *Tausendgüldenkraut.* Von der botanischen Signatur her sieht man die Schönheit dieser zarten Pflanze erst auf den zweiten Blick. Gerne versteckt sie sich unter dem Gras auf der Magerwiese. Dennoch braucht sie Sonne und will nicht im Schatten stehen. Einmal entdeckt, leuchten die zartrosa farbenen Blüten wie Sterne. So zart sie erscheint, so stark ist ihre Arzneiwirkung. Mit ihrem bitteren Geschmack bringt sie den Verkoster sofort in seine Mitte, ins *Hier und Jetzt.* Da sie zur Familie der Enziangewächse (Gentianaceae) gehört, ist das Tausengüldenkraut (Centaurum erythraea) mit seinem hohen Anteil an Bitterstoffen eine ideale Hilfe für die Verdauung und ebenso appetitanregend. Da das Mittel meistens auch vom Wesen her gut passt, verabreiche ich es gerne bei mit Magersucht verbundenen Essstörungen. Die Stärkung des Magens stärkt die eigene Mitte. Diese Persönlichkeit hatte einen zu schwachen Willen und will genau diese innere Struktur und Abgrenzung entwickeln.

In der Bachblüten-Therapie* entspricht die oben beschriebene Helfer-Teilpersönlichkeit dem negativen Gemütszustand der Blüte *Centaury.* Diese sehr oft in der Praxis anzutreffende Thematik könnte folgende Überschrift tragen: „Von der Fremdbestimmung zur Selbstbestimmung." „Von der Selbstaufgabe zur Selbstliebe." „Von der Abhängigkeit zur Freiheit." „Liebe dich selbst, und du wirst deinen Nächsten lieben."

Eine eventuelle Krankheit bei diesem Blütenbild kann ein schwaches Immunsystem sein, da auch die energetische Abgrenzung zu wünschen übriglässt, oder Probleme im Bereich der Dermatolo-

* Die Bachblüten-Therapie ist eine komplexe Therapieform, und die benötigten Blüten sollten mit den entsprechenden Kenntnissen oder von einem erfahrenen Therapeuten zusammengestellt werden.

gie, da hier die Haut für die Abgrenzung steht. Essstörungen aller Art können mit der Blüte Centaury unterstützt werden. Centaury ist ebenfalls ein stärkendes Mittel für Partner von suchtkranken Menschen.

Die astrologische Entsprechung ist in der Thematik der Fisch-Jungfrau-Achse zu finden. Es ist der Archetyp des *Aschenputtels* im Märchen der Gebrüder Grimm, welches sich zur wahren Prinzessin entpuppt.

2. Gentian und Willow – Der Pessimist und der Pechvogel

Der pessimistische und sorgenvolle Mensch sieht das Glas immer halb leer. Er fühlt sich als Opfer des Schicksals und hat die Hoffnung auf Besserung seiner Lebensumstände aufgegeben. Er ist lieber skeptisch und negativ eingestellt, als wieder und wieder enttäuscht zu werden. Zu dieser Gruppe gehören auch *der Kritiker* und *der Skeptiker.*

Auch hier tritt das Resonanz-Gesetz in Aktion. Das negative *Mindset* zieht negative Erfahrungen ins Leben – und schon ist der Teufelskreis geboren. „Ich habe es ja gewusst." „Das ist der Beweis, ich habe kein Glück." „Ich bleibe Realist." Dies sind Aussagen der skeptischen, pessimistischen Persönlichkeit.

Das unterliegende Trauma dieser Menschen ist durch Trennung und Verlassen-worden-sein entstanden. Entweder waren Bezugspersonen in der frühen Kindheit emotionell nicht verfügbar oder dieser Erdenbürger wurde durch schwere Schicksalsschläge entmutigt. Abgetrennt-sein im erwachsenen Alter bedeutet die Unfähigkeit, zu vertrauen und zu glauben. Ein Bewusstsein für das Numinose und für die Wunder der Schöpfungskräfte ist kaum vorhanden. Der unerlöste *Pessimist* endet verbittert, oft resigniert und trägt schwer an seinem Schicksal.

Mit einer Erweiterung ihres Bewusstseins und dem Verlassen der Komfortzone entwickelt diese Teilpersönlichkeit Vertrauen zu sich selbst, zum Leben und schließlich zu allem, was ist. Somit transzendiert sie zu einem Menschen, der aus allen Erfahrungen lernt und sich weiterentwickelt zum verlässlichen, vertrauenden und Vertrauen schenkenden Mitmenschen. Diese Menschen können große Ziele erreichen. Für sie werden Rückschläge und Erfahrungen Marksteine auf dem Weg des inneren Wachstums und der Persönlichkeitsentwicklung.

In der Bachblüten-Therapie sind die passenden Mittel: *Gentian* und *Willow*. Der Bittere Enzian (Gentiana amarella) ist so, wie das Leben sein kann, bitter und kompakt. Man findet ihn in den Bergen, zum Beispiel im Oberengadin, jener hochgelegenen Bergebene, wo man mit diesem Perspektivenwechsel eine umfassendere Sicht auf das Leben im Unterland gewinnen kann. Bach wählte den purpurfarbenen Enzian; diese Farbe steht für die Transformation hin zum Höheren, zum Geistigen.

Die Persönlichkeit des *Gentian* ist von einem „realistischen" Weltbild geprägt ist. Sie glaubt nur das, was sie sieht und intellektuell nachvollziehen kann. Um nicht dauernd Ent-Täuschungen einzustecken, denkt diese Persönlichkeit lieber zuerst kritisch über eine Sache nach und entscheidet nie kopflos. Sie ist skeptisch und hinterfragt alles bis ins Detail. Wie vorher beschrieben, löst diese

Haltung einen Teufelskreis von negativen Erfahrungen aus und bestätigt sie somit erneut. Auch zu grübeln und sich zu sorgen, gehört zu dieser Persönlichkeit.

Erlösung findet die *Gentian*-Persönlichkeit im *Glauben-können*, in einer Erweiterung des Bewusstseins und der Abstützung des intellektuellen Denkens auf ihr Bauchgefühl. Hindernisse sollen als Wachstumschancen angesehen werden. Das tiefe Gefühl des Verlassen-worden-seins transzendiert in eine erfüllende Verbindung mit der Natur, der Schöpfung und dem Schöpfer.

Die astrologische Entsprechung ist in der Thematik der Stier-Skorpion-Achse zu finden. Der Archetyp entspricht dem *Pessimisten* oder dem *Misstrauischen.*

Die Weiden (Salix vitellina) lieben das Ufer und besiedeln gerne die Zwischenwelt zwischen Wasser und Land. Sie werden somit zu Hexenbäumen, stehen sie doch an der Grenze zur Anderwelt. Sie wachsen gerne im kühlen, feuchten, „rheumatischen" Gebiet. Ihre knorrigen Stämme und die fingerartigen Äste erinnern an deformierte Rheumagelenke. Zur Signaturen-Lehre schrieb Paracelsus: „Die Natur zeichnet ein jegliches Gewächs, dazu es gut ist. Darum, wenn man erfahren will, was die Natur gekennzeichnet hat, soll man's an dem Zeichen erkennen, was Tugend in selbiger ist." Die Weide zeigt mit ihrer Signatur jedoch auch den sehr lebensbejahenden, sich hingebenden Aspekt. Aus ihren Ästen haben die Menschen seit jeher Haushaltsgegenstände geflochten. Je mehr die Weide geschnitten wird, desto mehr Wachstum zeigt sie, desto mehr gibt sie sich ihrem Leben hin, ohne zu lamentieren.

Beim negativen Zustand der Bachblüte *Willow* finden wir eine noch stärker verhärmte Opfer-Teilpersönlichkeit. Ist es dem *Gentian*-Typ nicht gelungen, Vertrauen ins Leben zu entwickeln, wird er schlussendlich tatsächlich zum Opfer seiner Lebensumstände. Er haftet sich an seine biographischen Missgeschicke, und der Pessimismus mündet in eine regelrechte Verbitterung. Diese kann offen kundgetan werden, findet ihren Ausdruck aber auch nach innen gekehrt, mit einer *Faust-in-der-Hosentasche-Haltung.* Die nach innen gerichtete Frustration besitzt einen guten Anteil an Aggression und kann sich alsbald auch physisch durch Krankheiten manifestieren: Magen-, Gallen-Beschwerden oder dem rheumatischen Formenkreis. Man beachte, dass die Weide Salicin – welches im menschlichen Körper zu Salicyl-Säure umgewandelt wird – ein Mittel gegen Schmerzen, Fieber und Rheumatismus enthält. Rheuma und Gicht sind Entgleisungen des Wasserhaushaltes und als Autoimmunkrankheit mit einer Selbst-Destruktivität verbunden.

Für den Menschen bedeutet der transformierte Zustand, welcher mit der Einnahme der Bachblüte *Willow* gefördert wird: Sich mit dem eigenen Schicksal auszusöhnen, Dankbarkeit für das zu empfinden, was ist, und nicht frustriert sein über das, was nicht ist. Sich mit Menschen auszusöhnen, für die man schlechte Gefühle hegt. Biegsam und flexibel wie die Weide durch das Leben zu schreiten und schlussendlich auch im Angesichts des Todes frei zu sein von jeglichem Groll.

Der Archetyp der Weide ist der *Pechvogel*, im Positiven verkörpert sie *die Aussöhnung.*

3. Bachblüten für die Kontrollfreaks

Zu dieser Gruppe zählen einerseits der *Rebell* und der stolze *Individualist*, die ihr eigenes Leben kontrollieren möchten, andererseits der *Dominante*, der andere kontrolliert. Sich selber zum Schöpfer des Lebens machen zu wollen, kann eine Zeit lang gewinnbringend sein, entbehrt aber jeder mystischen Erfahrung. Diese Persönlichkeit hat gelernt, nichts dem Zufall zu überlassen aus Angst vor Entblößung und Machtlosigkeit. Das Ego ist hypertrophiert und wenig empathisch. Es dominiert ein Machbarkeitswahn sowie die Vorstellung: *Alles-ist-käuflich*. Das schützt diese Menschen nur vermeintlich vor der Angst durchzufallen.

Angstfelder, wie solche, die momentan auf der Erde bewusst erzeugt werden, trennen die Menschen von sich selber, von der Erde und von ihrem Schöpfer ab. Im Wahn, alles, sogar den Tod, kontrollieren zu können, wird man in unsicheren, bedrohlichen Zeiten abhängig und manipulierbar und verliert genau das, was einem so wichtig war: Die eigene Kontrolle.

Transzendenz und Wachstum erreichen diese Menschen, indem sie verstehen, dass die Naturgesetze des Rhythmus und der Gegensätze wirken. Ziele können nicht nur magisch und manipulativ erreicht werden. Erfolg geschieht durch Struktur und Geduld, aber auch durch die Hingabe. Das Leben muss man wieder als rhythmischen Fluss fließen lassen können. Erfolg bedeutet: Alle und alles miteinzubeziehen, die Schöpfung, die Mitmenschen, die Tier- und Pflanzenwelt. Die Entwicklung der bedingungslosen

Selbstliebe ist ein wichtiges Thema für die sich selbst kontrollierenden, ehrgeizigen Persönlichkeiten.

Die Bachblüte der Weinrebe, *Vine* (Vitis vinifera), ist eine der ältesten Kulturpflanzen der Erde. Auf der Arche Noah wurde der mitgebrachte Weinstock vor der Sintflut gerettet. Schon die Römer haben ihre im Machthunger eroberten Gebiete mit der Weinrebe angepflanzt. Mit ihren abendlichen Gelagen sollte der Wein sie wohl etwas milder stimmen.

Die negative *Vine*-Persönlichkeit kontrolliert andere mit dem unterliegenden Motiv der Machtausübung. In den Machthabern der Geschichte, aber auch in der Gegenwart, erkennen wir diesen Archetyp des Tyrannen oder des Diktators. Oft sind es Führungspersönlichkeiten, die ehrgeizig ihre eigenen Ziele erreichen wollen und ihre Mitarbeiter kontrollieren und instrumentalisieren. Ihr Herz ist verschlossen, ihr Wille ist überdurchschnittlich ausgeprägt. Diese Menschen werden in der transformierten Persönlichkeit zu beliebten Autoritätspersonen, zu beliebten Chefs mit Herz und Weitsicht.

Vine verkörpert die maskuline, offen geforderte Form der Macht, Chicory hingegen die feminin gepolte Macht der Schlange, die unterschwellig, aber nicht weniger manipulierend agiert.

Die Bachblüte *Chicory* (Cichorium Intybus) oder die Wegwarte verkörpert den Archetyp der *Mutter*, der *Demeter*, der *Gaia*, der Erdenmutter. Im Positiven verkörpert sie das bedingungslos gebende, schützende mütterliche Prinzip. Die blaue Blütenfarbe steht für den Planeten Saturn mit seinen Qualitäten des Grenzen setzenden, aber auch des schützenden Prinzips. Wer sich schon mit dem Wesen der Farbe Blau auseinandergesetzt hat, weiß, diese Farbe lässt sich nicht ausstrahlend, wie etwa Gelb, auftragen, sondern will auf der Leinwand eine abgrenzende Gestalt annehmen. Der schützende blaue Umhang der göttlichen Mutter verkörpert diesen Archetyp.

Die Wegwarte zeigt sich in ihrer Signatur, in Stiel und Blatt, als zähe, Bitterstoffe enthaltende Pflanze. In ihrer Blüte offenbart sie hingegen eine sensible, feine Signatur. Morgens, mit dem Lauf der Sonne, öffnet sie ihre wunderschönen blauen Blüten. Schon gegen Mittag muss die Pflanze ihre Schönheit loslassen, die Blüten ziehen sich ein und verwelken. Die Signatur der Wegwarte trägt beide Pole der Persönlichkeit in sich: Das Festhaltende und das Loslassende. So kann die Blüten-Information die Persönlichkeit in ihre Mitte bringen.

Der negative Seelenzustand der Bachblüte *Chicory* verkörpert hingegen eine besitzergreifende Persönlichkeit, die beherrscht, manipuliert und nicht loslassen kann. In diesem Falle erwartet sie Anerkennung und Zuneigung für ihre Fürsorge. Stellt sich diese nicht ein, wird sie manipulativ und fordert Aufmerksamkeit und Liebe ein. Diese egozentrische Haltung wird offen oder unterschwellig gezeigt. Aussagen einer *Chicory*-Persönlichkeit könnten sein: „Ich habe es ja nur gut gemeint, ist das der Dank?" „Ich werde krank, wenn Du mich verlässt." Einmal von ihren Liebsten „verlassen", kann sie auch unbewusst krank werden und so Zuwendung erpressen. Diese Persönlichkeiten können sehr gewinnend und freundlich wirken, hinterlassen aber ein vereinnahmendes Gefühl oder das Gefühl, in ihrer Schuld zu stehen.

Einmal transzendiert, wird diese Persönlichkeit zur bedingungslos Liebenden und ist Sinnbild für die Hingabe an die Liebe und an das Leben.

Mit der wörtlichen Bedeutung ihres Namens „Die Wegwarte" und dem gleichnamigen Pflanzenmärchen des anthroposophischen Dichters Michael Bauer (1871-1929) findet diese Persönlichkeit eine passende Darstellung. Ein Mädchen wartet viele Jahre auf ihren Liebsten, aber draußen herrscht Krieg. Sie geht immer wieder, Tag für Tag, wenn die Frühlingsknospen springen, an die gleiche Stelle und wartet und wartet, aber der ihr versprochene Jüngling kommt nicht mehr zurück.

Auch nachts wanderte sie ruhelos umher und sang oft ein schwermütiges Lied, von dem niemand wusste, woher sie es gelernt hatte. Jeder Vers schloss mit den Zeilen:

„Eh ich lass das Weinen stehn,
will ich lieber Heerstraß` gehen,
warten auf der Erden
und zur Feldblum werden."

„Und Gott erbarmte sich ihrer. Einmal, es war inzwischen Sommer geworden, kam sie nimmer heim. Man ging an den Platz, wo sie seit Wochen gesessen und gewartet hatte, und man fand sie nicht. Aber eine Blume war an der Stelle gewachsen mit großen lichtblauen Blüten, die wie wartende Augen ins Weite blickten. Wegwarte stand am Wege."*

Die selten zu findende Sumpfwasserfeder (Hottonia palustris) steht stolz und aufrecht im Wasser. In ihrer Schönheit und in ih-

* Michael Bauer (1871-1929), *Pflanzenmärchen*, Die Wegwarte

rem Wesen wirkt sie unnahbar. Das sie umgebende Wasser, als Sinnbild der Gefühle, kann gefrieren, trennen oder verbinden. Die Persönlichkeit von *Water Violet* ist stolz und distanziert, sie ist gerne alleine, wirkt aber bisweilen etwas kontrolliert. Aus Angst vor Entblößung und Verletzung haben diese Menschen gelernt, sich lieber zurückzuziehen und abzukapseln. Sie können stolz und überheblich wirken. *Water Violet* steht für sehr fähige Menschen, welche gelernt haben, alles mit sich selbst auszutragen. Haben sie Kummer, verbergen sie ihre Gefühle. Sie können bisweilen unter Einsamkeit leiden.

Edward Bach wählte diese Blüte für eine sehr vornehme Dame aus, die zurückgezogen lebte und als Yoga-Lehrerin tätig war. Man beachte diese spirituelle Tätigkeit schon um 1930. Heutzutage finden wir diese Persönlichkeit auch bei den vielen Singles, die sich hinter Social Media verbergen und sich lieber nur auf der virtuellen Ebene mit einem Du einlassen. Menschen, die das Leben lieber alleine (kontrolliert) in Harmonie leben, als sich einem Du hinzugeben, mit der Gefahr, verletzt zu werden. Die mangelnde Liebes-Resilienz entstammt oft einer überbehüteten oder emotionell vernachlässigten Kindheit.

Der Archetyp der Sumpfwasserfeder entspricht dem *Eremiten* oder der *Prinzessin* im Märchen *Der Elfenbein-Turm*. Die junge Frau muss hier erfahren, wie abhängig sie von der Hilfe ihrer Mitmenschen wird, wenn das Wasser steigt und sie Gefahr läuft zu ertrinken. Sie muss lernen, sich zu öffnen, keine Angst vor Nähe zu empfinden, herunter von ihrem hohen Turm zu steigen und lernen, um Hilfe zu bitten und diese auch anzunehmen.

Water Violet darf nicht zu sehr in eine Haltung der Kälte abgleiten. Sie lernt, das Mysterium des Lebens und das der Beziehungen mit Menschen anzunehmen. Sie lernt, sich nicht vor den eigenen Gefühlen zu verschließen, das Leben mit all seinen Erfahrungen als Segen zu betrachten und letztlich Dankbarkeit auszustrahlen. Nähe zu anderen Menschen zuzulassen, ohne Angst vor Verletzung. Die Lektion ist ähnlich wie bei *Chicory*: Die Hingabe an das Leben zu lernen. *Chicory* kontrolliert andere, und *Water Violet* kontrolliert sich selber.

Perfektionisten, *Schönheits-* und *Gesundheitsfanatiker* sind zwanghafte, ebenfalls sich selbst kontrollierende Teilpersönlichkeiten, die versuchen, auf ihr verzerrtes Idealbild Einfluss zu nehmen.

Die Essenz *Rock Water* präparierte Edward Bach aus reinem heilkräftigen Quellwasser (Aqua petra). Wie der lateinische Namen sagt, treffen sich hier zwei gegensätzliche Elemente, das Weiche und das Harte – Wasser und Stein. Man bedenke, durch welche tiefen Schichten der Erde das Wasser gereist ist. Das aufnehmende, flexible, weiche Prinzip zeigt sich im Element Wasser, die Informationen des Gesteins hingegen beinhalten das verdichtende, strukturierende, materielle, rationelle und starre, verhärtende Prinzip. In seinem Gleichgewicht verkörpert Quellwasser das unendlich lebenspendende, lebendige, fließende und kraftvolle Lebens-Prinzip. Man denke auch an die Kraftorte der heiligen Quellen.

Der negative Seelenzustand des *Rock Water* zeigt eine verhärtete Persönlichkeit. Sie ist ehrgeizig und hat hohe Idealvorstellungen, denen sie nie ganz zu genügen scheint. Diese Menschen wollen ebenso rein sein wie das Wasser und laufen so Gefahr, sich von dem abzuwenden, was sie eigentlich unbewusst suchen, von dem Leben. Ihre Prinzipien stellen sie weit höher als das Fühlen und werden so hart gegen sich selbst. Auf dem Weg zur „Erleuchtung“ führen sie eine asketische Lebensweise und verbieten sich Genuss und Sinnlichkeit. Ihre Motivation ist die, dem Prinzip zu folgen. Der Kopf wird über das Herz gestellt.

Verspannungen, Verhärtungen oder Steinbildungen in den Organen können dem psychosomatischen Bild des *Rock Water* entsprechen. Diese Blüte ist nebst Centaury passend bei Magersucht (Anorexie).

Rock Water verkörpert den Archetypen des *Fakirs*, des *Asketen*, des *Märtyrers* und des *Strebers*. Im transformierten Zustand wird die starre Haltung aufgelockert, man wird nachsichtiger mit sich selbst, spürt die wahren inneren Bedürfnisse und lebt ein lebendiges, lustvolles Leben.

Einen noch gesteigerten selbstkritischen Zustand zeigt uns der negative Gemütszustand der Apfelblüte: *Crab Apple* (Malus sylvestris).

Der Apfel ist ein starkes archetypisches Symbol und steht für Weiblichkeit und Schönheit. Im alten Griechenland hüten die Töchter der Nacht, die Hesperiden, die goldenen Äpfel (Sonne). Herkules stiehlt die Äpfel und muss sie an Athene, die Beschützerin der Jungfrauen (Weiblichkeit), zurückgeben. Der Reichsapfel wird zur Macht-Insignie der besonnenen Reichsherrschaft. Ich kann mir gut vorstellen, dass das Symbol des Apfels aus der Zeit des Matriarchats stammt.

In der christlichen Mythe wird die Göttin zur gefallenen Eva, der Apfel wird zum Symbol der Sünde. Bei den Kelten gelangt der tödlich verwundete König Artus mit seinem Boot in die Anderwelt von *Avalon*, die von den jungfräulichen Priesterinnen und der Fee Morgan gehütete Insel. *Avalon* ist das walisische Wort für Apfelbäume. Schneewittchen vergiftet sich mit dem roten Teil des Apfels, der weiße Teil ist der Hexe nicht zugänglich.

Die Apfelblüte, aus der Familie der Rosengewächse, ist dem Planeten Venus unterstellt. Venus umkreist die Erde in einer Bahn mit fünf Schlaufen, das ergibt ein Fünfeck, ein Pentagramm. Die Apfelblüte ist fünfblättrig, der Querschnitt eines ausgereiften Apfelgehäuses ist wiederum ein fünfeckiger Stern.

Beim negativen Zustand von *Crab Apple* wird das Schönheitsideal hochstilisiert und mutiert zum Perfektionismus, zur Angst vor allem Unreinen und zu mancherlei Ekel. Man fühlt sich innerlich unrein. Die Lebenshaltung wirkt steril und gekünstelt. In diesem Zustand trennt man sich ab vom weiblichen Prinzip. Man trennt sich ab von der Natur, der Mutter Erde. Der Wahn, Schönheitsidealen zu entsprechen, und die übertriebenen Eingriffe seitens der Schönheitsbranche stehen unter der Beeinflussung dieser verzerrten Idealbilder. Wird der natürliche Bezug zur Ästhetik zwanghaft, kann er selbstzerstörend werden.

Hier finden wir das Krankheitsbild des Zwanges zur übertriebenen Reinlichkeit, die Angst vor Krankheiten und Ansteckung sowie die Mager-Brechsucht. *Crab Apple* hilft aber auch, sich zu reinigen nach energetischer oder physischer Verschmutzung oder Infektionen. Es ist das Heilmittel für innere und äußere Reinigung und hilft, ein nicht neurotisches, gesundes Verhältnis zu Reinheit und Ordnung und zum eigenen Körper zu erlangen.

Der Archetyp von *Crab Apple* ist durch die *Weiblichkeit,* die *Schönheit* und die *Reinheit* verkörpert.

4. Clematis -Die Träumerin

Diese Teilpersönlichkeit holt ihre Kraft aus dem Verweilen in anderen Welten. Sie scheint niemals richtig auf der Erde angekommen zu sein. Mit der feinstofflichen Welt hingegen ist diese Person sehr verbunden und wählt diese unbewusst als Fluchtmöglichkeit. Diese Seelen sind oft gar nicht richtig inkarniert und zeigen am Weltlichen wenig Interesse. Die implodierte Lebenskraft kann in ein Vakuum, bis hin zu einer depressiven Verstimmung führen. Auch Suchtmittel, als Möglichkeit, in andere Welten abzutauchen, besitzen eine große Anziehungskraft für diese Menschen. Künstler, Esoteriker und Medien sind Vertreter dieser Teilpersönlichkeiten.

Sie transzendieren ihre Weltfremdheit, indem sie Heilung ihrer biographischen und karmischen Traumata erfahren. Abgetrennte Seelenanteile, wie ehemals *unerlaubtes Wissen* um die Naturkräfte, möchten wieder integriert werden. Gerade bei uns Europäern oder ehemals in Europa inkarnierten Seelen sitzen die Inquisition und die Hexenverfolgung noch tief in den Knochen. Haben diese Persönlichkeiten Heilung erfahren, wird ihr Körper, letztendlich sogar der Planet Erde, wieder zu ihrer Heimat. Ihr Leben wird erdverbundener und strukturierter.

Clematis, die wilde Waldrebe mit ihren verträumten weißen Blüten, ist das passende Heilmittel für diese Persönlichkeiten. Die *gemeine Waldrebe* (Clematis vitalba), bei uns als *Niele* bekannt, rauchten wir als Kinder, natürlich heimlich, im nahen Dorfwäldchen. In diesem Wald konnten wir unserer Phantasie freien Lauf lassen und in andere Welten abtauchen.

Als Essenz zubereitet, hilft diese Blüte, im Hier und Jetzt anzukommen und nicht nur in Phantasiewelten zu Hause zu sein. Sie hilft, in anderen Welten erhaltene Inspirationen auf unsere materielle Ebene herabzuführen und so kreativ schöpferisch zu werden. Edward Bach schreibt: „Dieses Heilmittel verleiht Stabilität und versetzt den Patienten in eine mehr praktisch orientierte Ebene."*

Sie hilft dem verträumten Kind, mehr Konzentration zu erlangen. Auf der physischen Ebene ist Clematis das Mittel bei Ohnmachtsneigung und hilft so sprichwörtlich, wieder in den Körper zu gelangen. Clematis hat wohl deshalb ihren Platz in der Kombination der von Edward Bach zusammengestellten Notfalltropfen erhalten.

Das Verweilen in anderen Welten kann durch ein traumatisches Erlebnis ausgelöst worden sein oder auch eine Erinnerung an ein vergangenes leidvolles Leben auf unserem kriegerischen Planeten Erde sein.

Der Archetyp entspricht dem Märchen *Die kleine Meerjungfrau*, die aus Liebe zu ihrem Herzensmenschen aus ihrem Element Wasser steigt und auf der ihr fremden festen Erde lebt. Jedoch fühlt sich jeder ihrer Schritte an wie auf Messers Schneide.

---

* Julian und Martine Barnard, *Das Bach-Blüten Wunder*, Hereford 1988, S.78

Einmal transformiert, sind diese Menschen stabil mit beiden Füßen auf dem Boden verankert und haben trotzdem Zugang zu anderen Welten. Sie leben ihre Träume und träumen nicht nur ihr Leben.

g. Kommunikation mit den Pflanzen

Das intuitive Studium der Pflanzen-Signatur gibt uns Auskunft, welches das passende Heilmittel für den jeweiligen Charaktertypus ist. Dazu braucht es Zeit, im besten Falle die Beobachtung derselben Pflanze, einer Pflanzengruppe oder eines Baumes über die Jahreszyklen hinweg.

Während eines Sommers war ich zur Erkundung eines möglichen Blüten-Seminars im Oberengadin unterwegs. Tagelang durchwanderte ich alleine, in der Stille, die blütenreichen Alpenwiesen. Vor allem an Orten, wo ein alter Steinschlag es dem Vieh verunmöglichte, an die saftige Nahrung zu kommen, fand ich wundervolle, von natürlicher Hand gezeichnete Gärten. Dann geschah es: Das Sonnenröschen fing an, mit mir zu kommunizieren. Es war in mir immer wieder voll präsent, bevor ich es hinter einer Wegbiegung zu Gesicht bekam. Ich fing an, mit der Natur in eine Verschmelzung zu treten, die mich alleine schon durch die Aufmerksamkeit und die Verbindung mit ihr heilte. Meine Sinne wurden weit offen und doch so geschärft, dass ich jederzeit wusste, an welchen Orten ich den Herbstenzian, das Sonnenröschen oder das Heidekraut antreffen würde.

Bei einer anderen Wanderung mit meiner Hündin Lenka, am Rande des Nationalparks, war das Ziel der sagenhafte, uralte Arven-Wald, *God da Tamangur.* „Der Wald da hinten“ ist der höchstwachsende (2400 Meter ü. M.) zusammenhängende Arven-Wald Europas. Die bis zu 700 Jahre alten verknorpelten Föhren, auch Zirbelkiefern genannt, strahlen pure Magie aus. An diesem Tag sollte es so sein, dass uns keine Menschenseele begegnete. Ich hatte das Gefühl, in eine andere Dimension einzutauchen. Für die einheimischen Rätoromanen gilt dieser Wald als Symbol für Hartnäckigkeit, Überlebenswillen und Stärke, alles Attribute der Bergmenschen selbst. Der Wald erinnert mich an die Bilder des Malers Giovanni Segantini (1858-1899), der die Natur des Engadins und seiner Einwohner so wundervoll darzustellen wusste.

Eine etwas andere Annäherung an das Wesen der Pflanzen, insbesondere der Blüten, findet jeweils an den Seminartagen statt, wo wir die Essenzen selber herstellen. Dieser Tag ist exklusiv der Erfahrung, die Pflanzen mit allen Sinnen wahrzunehmen, gewidmet. Am Morgen stimmen wir uns jeweils in der Gruppe meditativ auf unsere innere Mitte ein, die Verbindung mit Himmel und Erde und der Natur selbst. In einem mit Naturelementen dekorierten Schutzkreis heißen wir die Gottheiten der Pflanzen, die uns heute begegnen wollen, willkommen. In dieser offenen Haltung gehen wir dann hinaus in die Natur, auf die Felder, in den Wald oder zum nahe gelegenen Bio-Bauernhof mit seinem wundervollen natürlichen Garten. Wir stellen jeweils ungefähr fünf verschiedene Blüten-Essenzen her. Je nach Jahreszeit Baumblüten oder Blüten vom Brachland, von Büschen oder von Heilkräutern.

Intuitiv spürten wir jeweils nach, ob jetzt die Sonnenmethode oder die Kochmethode anzuwenden war. Bei der Sonnenmethode stellen wir Kristallschüsselchen, mit Quellwasser gefüllt und mit den Blüten bedeckt, über einige Stunden in den Schutzkreis, an die Sonne. Wenn das Wasser spürbar „lebendig" wird, weil die Informationen der Blüte und die Information ihres Wesens nun übertragen ist, wird der Inhalt gefiltert und eins zu eins mit Alkohol zur Ur-Essenz gemischt. Bei der Kochmethode verwenden wir einen Topf aus Emaille, Pflanzen-Devas scheuen Metall, und kochen die Blüten bis zum richtigen Zeitpunkt auf einem Holzfeuer. Um die Blüten zu schneiden, verwenden wir jeweils ein altes Silbermesser mit Perlmuttgriff, das von meiner feenhaften Großmutter stammt. Es ist ein Instrument, welches nur für diesen heiligen Zweck verwendet wird.

Dann kommt der interessante Teil des Essenzen-Testens. Wieder eingestimmt, mit ruhigem Geist, mit einer offenen Haltung des Betrachtens, testen wir nun die Essenzen in der Gruppe. Nach einem guten Schluck der Ur-Essenz beobachten wir den Geruch, Geschmack und die Wirkung der jeweiligen Essenz, ohne vorher zu wissen, welche wir einnehmen. Welche Impulse, Gedanken, Erinnerungen oder Bilder steigen auf? Die Wirkung vollzieht sich relativ schnell, manchmal ganz fein, manchmal wie ein Hammerschlag. Wir haben über die Jahre mehrere, auch einheimische Blütenessenzen, vom Moos, über den Hauswurz bis hin zu den Feldblumen, und ebenso die klassischen Bachblüten getestet und dokumentiert. Dieser Test ähnelt der Arzneimittelprüfung, wo die Probanden über einen längeren Zeitraum ihre Symptome beobachten, und gibt Hinweise, wo sie eingesetzt werden können.

Diese lebendige Auseinandersetzung mit dem Wesenhaften der Pflanze ist sehr bereichernd für die eigene Seele. Es ist immer wieder ein Eintauchen in andere Welten, Welten, die durchaus existieren und offen zugänglich sind. Selbst noch einige Jahre später schreiben mir ehemalige Studentinnen, wie gern sie sich an unsere lebendigen Ausbildungstage erinnern. Ich könnte mir diese Art von Begegnungen mit Pflanzen sehr gut für den Schulunterricht für Kinder vorstellen. Die Pflanzen-Wesen zeigen sich bei einer ihnen entgegengebrachten Haltung der Achtsamkeit und verändern die Menschen im Umgang mit der Natur nachhaltig.

h. Die Begegnung mit der Kiefer und der Eiche

Ich war wieder, nach vielen Jahrzenten, von der großen Stadt weg und an meinen Geburtsort am Bodensee zurückgezogen. Den letzten Ausschlag für die Rückkehr hatte die Liebe gegeben. Die Beziehung ging dann aber leider in die Brüche.

Oberhalb meines Dorfes liegt ein wunderschöner, sich über den ganzen Seerücken ziehender, zusammenhängender Wald mit uraltem Baumbestand. Vor allem für seine Eichen ist der Wald berühmt. Es folgte eine Periode in meinem Leben, die von einer großen Verbundenheit mit der Natur und vielen Aufenthalten in Feld und Wald geprägt war. Die Bäume waren mir ein großer Trost und haben zur Linderung meines Verlust-Schmerzes beigetragen.

Besonders angetan hatte es mir eine riesige Föhre oder Kiefer, die majestätisch und wunderschön am südlichen Waldrand stand. Am Fuße dieser rötlich-braunen, groß-borkigen Riesin fühlte ich mich geborgen. Sie strahlte Wärme, Ruhe und Zuversicht aus. Ich konnte ihr mein ganzes Leid klagen, meinen Seelen-Schmerz abladen. Manchmal redete sie zu mir. An einem stürmischen Tag ließ sie mich ihren Herzschlag hören. Ich legte mein Ohr an ihren Stamm und hörte, wie ihr innerer Kern schlug, einhergehend mit dem Rhythmus der sich bewegenden Baumkrone – ein eindrückliches Erlebnis. Die Wald-Kiefer war sicher fünfzig Meter hoch, und ich wusste, dass sie bis zu sechshundert Jahre alt sein konnte. Nach meinen regelmäßigen Besuchen bei der Baum-Dame waren meine Gedanken geordneter, mein Kopf war frei für neue Pläne.

In der Bachblüten-Therapie hilft die Essenz *Pine*, Gefühls-Verstrickungen wie Schuldgefühle und Selbstvorwürfe, aber auch emotionelle Abhängigkeiten zu klären. Mit dem herb-aromatischen Harz hat das Wesen dieses Baumes klärende Eigenschaften und macht den Kopf frei. Die Signatur der Kiefer ist kraftvoll, wärmend, klärend und ordnend. Die langen Nadeln besitzen starke Ätherkräfte und vermögen, wie ein Kamm, emotionale Gefühlsknöpfe zu lösen. Der Pollenregen der Kiefer im Frühling lässt keinen Menschen kalt und bringt viel Licht und eine geballte Ladung Kraft in die Atmosphäre. Edward Bach hat für die psychopathologischen Zustände, wie Schuldgefühle, Verbitterung, Kraftlosigkeit und Aussichtslosigkeit, Baumessenzen präpariert. Die Bäume, mit ihrem archaischen Wesen, dienen dem Menschen nochmals auf eine ganz besonders kraftvolle Weise.

Die Energie der Eiche war ganz anders. Mein inneres Erleben, meine Gedanken in ihrer Nähe waren ganz anderer Natur. Hier ging es weniger um eine persönliche Resonanz mit ihrem Wesen, sondern mehr um ein Wahrnehmen ihrer Geschichte und ihrer Energie. Es ging hier nicht um Gefühle. Die Eiche stand am nördlichen Waldrand ziemlich in der Linie der Kiefer. Sie hatte Sicht auf den wunderschönen Bodensee; bei schönem Wetter erblickte sie die Dörfer und Hügel des gegenüberliegenden deutschen Ufers. Die kraftstrotzende stattliche Eiche gab mir ihr Alter von zweihundert Jahren preis und erzählte mir alte Geschichten. Sie stand schon da, als meine Vorfahren aus dem Glarner-Land hierhin zogen. Es waren stattliche, leistungsorientierte Männer und mittragende Frauen, die mitgeholfen haben, das Dorf baulich, pädagogisch-geistig und gesellschaftlich aufzubauen.

Die Eiche stand schon da während des letzten großen Krieges. Der Eichen-Deva ließ mich vor meinem inneren Auge das Bombardement von Friedrichshafen durch die Alliierten sehen und hören. Es war wie ein großes Feuerwerk, einen glitzernden rötlichen Schein auf das Wasser werfend. Die Bisenlage (der Nordwind) trieb die abgeworfenen Flugblätter bis in die Schweiz hinein.

Die Eiche steht für Kraft, Pflicht und Durchhaltevermögen. Meine Vorfahren väterlicherseits waren Menschen aus diesem Holz. Niemals aufzugeben, eine mentale Kraft, Verantwortungsbewusstsein, aber auch körperlicher Raubbau zeichnete ihren Charakter aus. Der Krieg hatte den Menschen enorm viel abverlangt, die Kraftreserven waren aufgebraucht.

Edward Bach ließ das Wesen der Eiche in seine Essenz *Oak* einfließen. Diese Essenz widmete er seinen keltischen Vorfahren und den Engländern. Sind sie doch die pure Verkörperung dieser Wesens-Qualitäten. Großes Pflichtbewusstsein, innere Haltung, wenige Gefühle, eher Kraft, Sportlichkeit und Durchhaltevermögen, lautet hier die Überschrift. Diese Wesensart ist nicht nur viktorianischer, sondern natürlich auch preußischer Natur.

i. Abgestürzte Wesenheiten

Während der letzten Jahre bin ich, ganz ungewohnt für mich, dreimal umgezogen. An jedem neuen Wohnplatz zeigten sich jeweils Belastungen, die anscheinend durch mich aufgelöst werden wollten. Der erste Ort war auf dem Land, ein idealer Wohn- und Arbeitsplatz. Der Garten verwandelte sich in wenigen Jahren vom übersäuerten Hühnerhof zu einem wundervollen Naturgarten, wo wir eigene Blüten-Essenzen selber herstellten und Natur-Meditationen praktizierten. Im ehemaligen kleinen Stall richtete ich meine Praxis für Einzelbegleitungen und Seminare ein. Während einer Gruppenmeditation bemerkten wir, dass hier früher die Tiere gequält wurden und noch immer dementsprechende Energiefelder im Raum schwangen. Die Reinigung des Ortes war eine perfekte praktische Übung für die Seminarteilnehmer. Indem wir den Platz heilten, wurde der Ort immer mehr zum Heil-Raum.

Vor zwei Jahren bin ich dann in eine Kleinstadt an die Grenze zu Deutschland gezogen. Die Grenzstraße hat ihren Namen zu Recht, ist es doch eine Straße, die nicht nur an der Grenze entlangführt, sie hat auch viel Grenzwertiges erlebt. Während des Krieges wurde nebenan ein Flüchtling erschossen. Schmuggelei wurde hier im großen Stil betrieben. Ich wohne in der schön umgebauten Wohnung eines ehemaligen Zollhauses. Im Keller befindet sich ein zugemauerter unterirdischer Tunnel nach Deutschland. Auch wenn sich auf der Straße jetzt mehr die Einkaufstouristen tummeln, sind die Spuren der alten Zeit noch deutlich sichtbar. Die Straße war seit dem Krieg ein Rotlicht-Milieu mit mehreren zwielichtigen Spelunken. Als ich hier einzog, wurde gerade das Bordell des Nachbarhauses aufgelöst, aber gegenüber befand sich noch eine südosteuropäische Spielhölle.

Meine Wohnung ist gut gelegen, der angrenzende Park eine grüne Oase, und ich freute mich, den Garten nach meiner Art und Weise zu gestalten und zu pflegen. Viele feine, aber auch andere Wesenheiten hausten in der Umgebung. Am eigenen Leib habe ich erfahren, was geschehen kann, wenn sich dunkle Wesenheiten in den Pflanzen, vorzugsweise in Bäumen oder Hecken, aufhalten. Die Energie in der Hecke zum ehemaligen Bordell und der Grenze hin war chaotisch. Ein kleiner Obstbaum trug keine Früchte mehr und war von einem hartnäckigen Mehltau befallen. Ich versuchte, die kranken Äste zu stutzen, und schenkte der Ecke vermehrt Aufmerksamkeit. Anscheinend drang ich zu tief in den verwachsenen Raum hinter dem Baum ein und wurde plötzlich regelrecht von Wespen attackiert und mehrmals ins Gesicht gestochen. Meine allergische Reaktion und die Verunstaltung meines Gesichts waren so stark, dass ich während vier Tagen außer Gefecht gesetzt wurde. Man könnte sagen, die Pflanzenhecke und der kranke Baum waren regelrecht von dunklen, bösartigen Wesenheiten besetzt. Ein halbes Jahr später ließ ich den Baum fällen, er war leider nicht mehr zu retten. Seither ist die Stelle viel lichter, klarer und blühender geworden.

Dieser Wohnort ist für mich gleichzeitig Arbeitsort für die psychoenergetische Begleitung meiner Klienten. Jeden Morgen mache ich meine spirituelle Praxis, reinige und lade meine Aura auf. Der Praxisraum hat eine subtile, hochschwingende Energie angenommen. Im Garten tummeln sich unzählige Schmetterlinge.

Meisen und Rotkehlchen haben sich angesiedelt, Amseln schmettern ihren Gesang von den hohen Wipfeln der uralten Bäume. Auch die Straße hat sich verändert. Der Inhaber der Spielhölle wurde verhaftet und das Lokal geschlossen. Einige Therapeuten haben hier ihre Wirkungsstätten gefunden. Seit einem Jahr beobachte ich, wie immer mehr Häuser einen neuen Anstrich erhalten. Durch die Pandemie sind die Einkaufstouristen ausgeblieben, und der Raum konnte sich weiter erholen. Hoffen wir auf weitere Schritte in die richtige Richtung.

j. Naturheilkunde heute in der Schweiz – ein eigener Weg

Von **Christian Vogel**, 2007 bis 2016 Präsident der Naturärztevereinigung der Schweiz (NVS)

Vom Alpstein, mit dem Säntis als höchstem Gipfel, bis zum Bodensee erstreckt sich eine von Höhen, Tälern und Tälchen durchzogene Hochebene, die außer im Süden auf allen Seiten hin steil abfällt. Das ist das Appenzellerland, politisch und kulturell in die zwei Halbkantone Appenzell Innerrhoden und Außerrhoden geteilt.

In den beiden Kantonsteilen leben zwei tief verwurzelte Heiltraditionen. Im stark katholisch und konservativ geprägten Innerrhoden sind es neben den Klöstern vor allem die Gebets- und Geistheiler. Sie stammen oft aus Familien, in denen dieses Wissen und Können über Generationen weitergegeben wurde.

Im reformierten, auch politisch offeneren Außerrhoden sind es die Naturheilpraktiker, die auf eine lange Tradition zurückblicken können. Über die Grenzen hinaus bekannt wurden etwa die Heilpraktikerin und Künstlerin Emma Kunz (1892-1963) oder der Naturarzt, Schriftsteller und Unternehmer Dr. h.c. Alfred Vogel (1902-1996).

Dank einer liberalen Politik, verbunden mit einer praxisgerechten Bewilligungspraxis, ist die 1871 in der Kantonsverfassung festgeschriebene «Kurierfreiheit» bis heute Grundlage eines blühenden Wirtschaftszweiges, sowohl was die Anzahl der Heilpraktiker-Praxen als auch die der Hersteller von Naturheilmitteln anbelangt.

In allen anderen Kantonen gab es zwar auch Heilpraktiker und Therapeuten aller Art, sie arbeiteten aber – mit der Ausnahme von Basel-Land – immer in einer Grauzone oder vom Gesetz her gesehen völlig in der Illegalität. Trotzdem kamen die Menschen in ihre Praxen und suchten bei ihnen Hilfe.

Um die Jahrtausendwende begannen die bestehenden Berufs- und Methodenverbände sich zu organisieren und auf eine bessere gesetzliche Grundlage hinzuarbeiten. Bald wurde klar, dass es galt, einen oder zwei von der Eidgenossenschaft staatlich anerkannte Berufe zu schaffen und gleichzeitig möglichst weitgehend selbstbestimmt zu bleiben.

2009 wurde durch eine eidgenössische Volksabstimmung die Bundesverfassung um einen Artikel erweitert, der Bund und Kantone verpflichtet, „im Rahmen ihrer Zuständigkeiten für die Berücksichtigung der Komplementärmedizin" zu sorgen. Als Folge davon verlangt der Bund heute von den Universitäten, dass in das Medizinstudium zumindest ein minimales Wissen über die Komplementärmedizin einfließen muss.

Mit diesem Rückenwind kamen auch die Bemühungen der Verbände besser voran und wurden vom Bund unterstützt. Seit 2015 gibt es daher zwei von den betroffenen Verbänden selbst definierte Berufe: Den Naturheilpraktiker mit eidgenössischem Diplom und den Komplementärtherapeuten mit eidgenössischem Diplom. Beide schließen ihre von den Berufsverbänden inhaltlich selbst festgelegten mehrjährigen Ausbildungsgänge mit einer vom Bund qualitativ kontrollierten Höheren Fachprüfung ab. Daneben gibt es immer noch über 20'000 nur von ihren Verbänden oder privaten Registrierstellen erfasste Praktizierende.

Trotz dieser eidgenössischen Berufsabschlüsse bestimmt in gut föderalistischer Tradition weiterhin jeder Kanton selbst, wie und womit die Inhaber eines dieser Diplome arbeiten dürfen. Vor allem bei der Abgabe von Arzneimitteln macht sich das stark bemerkbar.

Noch sind die beiden neuen Berufe auch im Gesundheitswesen zu wenig bekannt. Schritt um Schritt erobern sie sich aber ihre Anerkennung in der Politik sowie bei den etablierten Gesundheitsberufen. In der breiten Bevölkerung hat die Naturheilkunde diese Anerkennung schon lange erlangt.

https://www.lebendige-traditionen.ch/tradition/de/home/traditionen/naturheilkunde-in-appenzell-ausserrhoden.html

https://www.verlagshaus-schwellbrunn.ch/shop/mehr-als-medizin.html

https://www.zwischenwelten-film.ch/

www.oda-am.ch

www.oda-kt.ch

www.nvs.swiss

VI.
Vision

a. Achtsamkeit im Umgang mit der Natur

Politische Gipfel mit langwierigen Diskussionen zum Thema Umwelt- und Klimaschutz sowie Gesetzes-Entwürfe allein reichen nicht aus, um unsere Umwelt vor Krankheit und Zerstörung zu retten. Ein gesundes Gleichgewicht herzustellen, gilt nicht nur für die persönliche Gesundheit, sondern auch der Organismus Natur will ins Gleichgewicht kommen. Eine gesunde Koexistenz mit den Naturwesen bildet, nebst weiteren Voraussetzungen wie den Verzicht auf Gifte, den Verzicht von Monokulturen und dem Absehen von Raubbau, eine wichtige Grundlage. Wie so oft, ist eine Implementierung von oben her nicht die Lösung, sondern es geht um das entsprechende Bewusstsein jedes Einzelnen von uns, angefangen beim Bauern bis hin zum Konsumenten.

Erfreulich sind Tendenzen wie Wald-Kindergärten, zunehmender Veganismus und Vegetarismus sowie die vermehrte ökologische und biologisch-dynamische Landwirtschaft. Auch die Förderung von Biodiversität, Ökologie und anderen Megatrends, wie Gesundheit, Transparenz, Nachhaltigkeit, Konnektivität und ein sinnerfülltes Dasein, sind erfreuliche Tendenzen unserer Zeit.

Obwohl das nötige Wissen vorhanden ist, gibt es noch viel Aufklärungsarbeit zu leisten. Die Hoffnung gilt all den genialen neuen Technologien und der Umsetzung derselben. Großzügig, ohne Kosten zu scheuen, sollten die nachhaltigen Gesundungs-Maßnahmen auf einer längerfristigen Basis umgesetzt werden. Die neue Erde entsteht aber nur durch ein globales, kollektives neues Bewusstsein. Jeder Einzelne, jeder Staat ist aufgefordert, daran mitzuwirken.

Ich selber habe die Chance, in einer wunderschönen ländlichen Gegend eines Landes mit einem der höchsten Lebensstandards zu leben. Was mich bedrückt, ist, dass selbst hier viele Besitzer von Einfamilienhäusern Steingärten anlegen. Diese Menschen schätzen die Natur und die schöne Gegend, wollen aber nicht weiterdenken und nichts Aktives zu einer gesunden Natur beitragen. Weiter beobachte ich die traurige Tatsache des *Litterings*. In Zeiten wie der Pandemie schätzen die Menschen den erholsamen Aufenthalt in der Natur. Sie hinterlassen aber oft eine große Unordnung und betreten solche Orte ohne Respekt vor den Wesen, die durch ihr Wirken die Schönheit der Wälder oder die wunderschön angelegten Gärten und Naturparks erst ausmachen. Das stimmt mich jedes Mal traurig. Diese Haltung der Vernachlässigung kann die Natur im Handumdrehen unattraktiv machen und sogar zerstören. Es sind nicht nur die „bösen" Regenwald-Rodungen, sondern auch „im Kleinen" gilt es, achtsam und respektvoll zu sein, Nehmen mit Geben auszugleichen.

Für Roger Kalbermatten ist es ein Anliegen, nicht „die eigene Projektion in die Welt", in die Natur zu geben. „Dies sei zerstörerisch", vielmehr gelte es, „die Natur zu uns sprechen zu lassen, sie zu erkennen, denn sie nimmt uns wahr". „Es gibt so viele Wesen, die uns die Geheimnisse der Natur vermitteln möchten, könnten wir nur hinhören und hinsehen."

In der Findhorn-Comunity findet seit 1962 ein lebhafter Austausch zwischen Mensch und Naturwesen statt. Der sandige Boden an der Nordost-Küste Schottlands war eigentlich nicht dafür gemacht, einen üppigen Garten hervorzubringen. Die Liebe und Achtsamkeit der Menschen, die Zusammenarbeit mit den Naturwesen und ihre Ätherkräfte ließen dieses einzigartige Ökowunder entstehen. Dorothy Maclean (1920-2020), eine der Findhorn-Begründerinnen, hatte die außergewöhnliche Gabe, mit den Naturwesen zu kommunizieren. In den Gärten von Findhorn war es Brauch, einen Teil des Gartens nicht zu bearbeiten und auch nicht zu betreten, sondern ihn den Naturwesen zu überlassen. So besitzen die Wesen einen Ort, wo sie sich ansiedeln und zurückziehen können. In Findhorn ist eines der erstaunlichsten Experimente, wie die Menschheit im Einklang mit der Natur leben kann, entstanden.

R. Ogilvie Crombie (ROC) (1899 - 1975), ein weiterer Sensitiver, der im intensiven Austausch mit der Findhorn-Gemeinde stand, hatte nicht nur die außergewöhnliche Fähigkeit, mit den Naturwesen zu kommunizieren, er konnte ganz in ihre Welt abtauchen, indem er selber zum Faun wurde. Pan höchstpersönlich war es, der Meister aller Naturgeister, der ROC seine enormen Kräfte offenbarte.

Im Buch „Der Mann, der mit den Elfen sprach" gibt ROC vor rund fünfzig Jahren Pan die Gelegenheit, Klartext zu sprechen.

Pan betont immer wieder, wie wichtig die Kommunikation mit den Naturwesen und deren Mitarbeit für die Menschheit sei, ohne die es kein Überleben gebe. Die Menschheit kann die Natur nicht durch Ausbeutung, Gift und Monokultur beherrschen, da gäbe es kein Überleben, die Nahrung hätte keine Nährwerte. (Dies erleben wir inzwischen ja deutlich!) Die Illusion der Ausbeutung und Beherrschung müsse sich nun endgültig auflösen. Pan spricht: „Wenn die Menschheit nicht erkennt, wie gefährlich und dumm es ist, die Natur zu misshandeln, und die ständig zunehmende Verschmutzung stoppt, wird sie sich letzten Endes selbst vernichten." „Das Streben nach Zusammenarbeit zwischen den drei Reichen – Devas, Natur und Menschheit – ist eine Möglichkeit, die der Menschheit zu überleben hilft."*

b. Wie findet optimale Heilung statt?

Haben wir einen freien Willen, um unser Leben, unsere Gesundheit zu gestalten und zu beeinflussen?

Lassen sie mich versuchen, zu dieser und zu weiteren am Anfang dieses Buches gestellten Fragen Antworten zu finden.

Wir Menschen zeichnen uns definitiv durch unseren freien Willen aus. Er wurde uns als Geburtsrecht geschenkt, und somit haben wir auch unsere Selbstbestimmung erhalten. Leider haben wir diese Freiheiten immer wieder abgegeben und uns Jahrhunderte lang in die Fremdbestimmung begeben. Mit der Einführung der Menschenrechte und der Abschaffung von totalitären Systemen sind wir gesetzlich freier geworden. Diese durch die Gesetzgebung

* R. Ogilvie Crombie, *Der Mann, der mit den Elfen sprach*, Grafing 2020, S. 109

erhaltenen Freiheiten zu leben, ist die eine Seite, innere Freiheiten zu erlangen, ist hingegen ein Weg, der länger dauert. Selbstbestimmt zu sein, heißt, frei zu werden von inneren Zwängen, frei von familiären- und kollektiven Prägungen. Die pandemischen Zeiten setzten uns auf einen besonders herausfordernden Prüfstand, was Fremdbeeinflussung durch Angstfelder betrifft. Wir haben gesehen, wie wichtig die Arbeit an sich selbst und somit die Persönlichkeitsentwicklung ist. Nur so kann auch das kollektive Feld heilen und die Menschheit erwachen.

Selbstbestimmung geht immer Hand in Hand mit einer Wahl. Wählen können, dürfen, müssen nach bestem Wissen und Gewissen, in Verbundenheit mit unserem Verstand, unserem Herzen, unserer Seele und unserem höheren Selbst. Ich glaube, dies ist der Weg, nach innen zu hören und sich nicht von äußeren Meinungen ablenken zu lassen. Erkennen, was meine Wahrheit ist? Diese persönliche Wahrheit benennen zu können, zu ihr stehen zu können und sie letztlich bewusst ins Leben umzusetzen, bedeutet, innere Freiheit zu erlangen. Wer im Einklang mit dem Herzen und dem inneren Selbst wirkt und lebt, ist auch im Einklang und in Verbundenheit mit der Natur und der Menschheit. *Wie innen – so außen.*

Wie beeinflussen wir unseren Körper und unser Leben positiv?

Der bedeutendste Faktor ist das Gesund-werden-wollen. Dazu braucht es die klare Erkenntnis des mehr Nicht-Opfer-Sein-Wollens. Schwierige Lebensumstände, schwerwiegende Schicksalsschläge und Traumata zu heilen, ist wichtig, die Basis bildet jedoch die Bereitschaft für Veränderung und der Wille, alles Notwendige dafür zu tun, diese Veränderung auch ins Leben umzusetzen.

Durch Achtsamkeitsübungen und Meditation ist eine tiefe innere Kommunikation zwischen Körper, Seele und Geist lernbar. Sie zu pflegen, ist essenziell. Den Körper zu fragen, was er braucht, und ihn ernst zu nehmen, die Seele zu nähren und den Geist zur Ruhe kommen zu lassen, wären ideale Übungen schon zur Schulzeit.

Genügt eine tiefe innere Verbundenheit mit uns selbst, um gesund zu bleiben? Wie viel Wissen über die Naturgesetze, inklusive der Heilungsgesetze und der eigenen menschlichen Psyche, braucht der Mensch? Welche Rolle spielt die Natur dabei?

Eine perfekte Schöpfung trägt ein Problemlösungs- und ein Auto-Korrekturprogramm in sich. Die Seelenpflege und die aktive Auseinandersetzung mit der Kraft des Geistes fördern die Selbstheilungskräfte. Alles ist da, wir müssen nur wählen, nutzen und umsetzen. Ein geistiges Studium, nebst Meditation, ergänzt die herkömmlichen Naturwissenschaften auf eine ideale Art und Weise. Auf der grobstofflichen, materiellen Ebene allein wird nie eine ganzheitliche Heilung erzielt werden können. Hinter der grobstofflichen Form wirken immer feinstoffliche Kräfte, die es zu ergründen gilt.

Genauso wie im Mikrokosmos Mensch, ist eine gute Vernetzung aller Ebenen auch im planetarischen Makrokosmos vonnöten. Eine Zukunft mit einer kooperativen Vernetzung aller den Menschen dienlichen Wissenschaften birgt ein ungeahntes Potenzial. In einem uralten Traum und einer meiner frühesten Visionen wirken die Schulmedizin und die Heilkunde Hand in Hand. Wäre das nicht Zukunftsmusik, nebst der Schulmedizin auch der Pflanzenheilkunde, dem alten und dem neuesten Wissen über Heilung, an einer gemeinsamen Heilungsstätte Platz einzuräumen?

c. Hingabe statt Kontrolle

Wir selber haben es in unserer Hand, welche Welt wir für uns erschaffen möchten. Gedanken und Gefühle erbauen nicht nur die persönliche Welt, sondern verstärken sich auch mit ähnlichen Gedanken weiterer Menschen und wirken so als Signaturen für unsere Welt, für unseren Lebensstil. Zu erkennen, was wir uns selber erschaffen, wovon wir selbst die Architekten sind, hat die Priorität. Fehlgeleitete Gedanken zu erfassen, sie liebevoll zu verabschieden und durch konstruktive Ideen und Gedanken zu ersetzen, ist eine Bewusstseinsarbeit, die etwas Wille, aber auch viel Liebe zu sich selbst erfordert. Die Prüfung, in welche Felder ich mich begeben, mit welchen Menschen ich mich austauschen und welche Systeme ich letztlich unterstützen und fördern möchte, ist wichtig. Diese Haltung führt in einen qualitativ hohen Lebensstil, geprägt von einem seelisch-geistigen Austausch, erfüllt mit Lebendigkeit und Freude.

Der einzige Ort, wo wir die Kontrolle einsetzen sollten, ist die Kontrolle der eigenen Gedanken. Kontrolle darf nicht eingesetzt werden, um andere Menschen zu beherrschen. Auch der Versuch, die Kontrolle über das Leben an sich zu gewinnen, ist enorm anstrengend und führt zu Verirrungen. Der Weg geht immer nach innen – zu sich selbst.

Indem ich mich kläre, kläre ich die Welt.

d. Transzendenz und Lebenssinn

Die Erforschung und die Arbeit an sich selbst, die zu einer Transzendenz der Persönlichkeit führt, kann als höherer Lebenssinn gedeutet werden. Persönlichkeitsentwicklung liegt aktuell sehr im Trend, und die tendenzielle Entwicklung hin zur Selbstbestimmung ist begrüßenswert. Wichtig ist es, die persönliche Motivation dahinter zu erforschen und zu erkennen. Im Sinne des ganzheitlichen Weges ist es zu begrüßen, wenn die spirituelle Seite wieder mehr Gewicht bekäme. Spirituell zu sein, bedeutet einerseits, die materielle Ebene mit der seelisch-spirituellen Ebene zu ergänzen, weg vom Egoismus und hin zur Einbeziehung der Mitwelt. Verbundenheit an Stelle von Abgetrenntheit. Auf der spirituellen Ebene erkenne ich meine Talente und bin bereit, sie zu entwickeln und der Welt zu schenken.

Als Mystikerin empfange ich das Wunder des Lebens, lasse es durch mich hindurchfließen und werde so zur Schöpferin meines Seins. Indem ich mich selbst erkenne, erkenne ich die Schöpfung. Indem ich die Schöpfung erkenne, erkenne ich mich selbst.

Wenn nicht mehr Zahlen und Figuren
Sind Schlüssel aller Kreaturen,
Wenn die, so singen oder küssen,
Mehr als die Tiefgelehrten wissen,
Wenn sich die Welt ins freie Leben,
Und in die Welt wird zurück begeben,
Wenn dann sich wieder Licht und Schatten
Zu echter Klarheit werden gatten
Und man in Märchen und Gedichten
Erkennt die echten wahren Weltgeschichten,
Dann fliegt vor Einem geheimen Wort
Das ganze verkehrte Wesen fort.

Novalis, 1800

Die Autorin

Regula Zwicky, geb. 1955, lebt am Bodensee und führt ihre eigene Praxis für Persönlichkeitsentwicklung und psychologische Begleitung. Sie ist Dozentin für Bach-Blütentherapie und transpersonale Psychologie. Schon im jungen Alter hat sie ein fundiertes Wissen in diversen alternativen Heilmethoden und in universeller Spiritualität erworben. Sie hat ein Studium in Psychosynthese und Transpersonaler Psychologie abgeschlossen. Ihre berufliche Basis erwarb sich die Autorin als medizinische Radiologie-Fachfrau. Ihre Tätigkeit als Flight Attendant führte sie in viele Länder und zu verschiedenen Kulturen. In diesen Berufsjahren konnte sie sich eine breites Wissen und eine tiefe Menschenkenntnis aneignen.

Weiterführende Informationen über die Autorin
und ihre Tätigkeit finden Sie unter:
www.terrafloris.ch

R. Ogilvie Crombie

Der Mann, der mit den Elfen sprach

Wie Menschen und Naturgeister zusammenarbeiten können

Es ist längst kein „frommes Märchen" mehr, dass Naturgeister existieren und bereit sind, mit den Menschen zusammenzuarbeiten, wenn sie zu dieser Zusammenarbeit eingeladen werden. Der legendäre „Findhorn-Garten" hat über viele Jahre auf eindrückliche Weise bewiesen, welche außergewöhnlichen Erfolge beispielsweise auf unwirtlichstem Gelände im Gemüseanbau erzielt werden können, wenn man um die Mithilfe der Naturwesen bittet.
Robert Ogilvie Crombie, nur ROC genannt, war einer der beiden Mittler zwischen den Menschen und den Naturgeistern in Findhorn. Zusammen mit Dorothy Maclean führte er über viele Jahre eine intensive Kommunikation mit dem Reich der Elfen und Devas.
Dieses Buch dokumentiert erstmals in deutscher Sprache die einzigartige Verbindung zwischen dem Reich der Menschen und der Welt der Elfen. Ein Werk, das eine neue Ebene der Wirklichkeit erschließt

ISBN: 978-3-89427-862-5 (Aquamarin Verlag)

Falk Fischer

Ganzheitliche Pflanzenheilkunde

Auf der Suche nach der ursprünglichen Lebenskraft

Durch die neuesten Erkenntnisse der Naturwissenschaften, vor allem der Quantenphysik, zeigt sich immer deutlicher: Alles ist mit allem verbunden! Über die unterschiedlichsten „Felder“ wirken die in der Natur verborgenen Kräfte auf den Menschen ein. Um ihre heilenden Energien zu nutzen, muss die bisherige Pflanzenheilkunde einen erweiterten, ganzheitlichen Ansatz entwickeln.

Dr. Falk Fischer beschreitet mit seinem Grundlagenwerk völlig neue Wege. Er betrachtet die Pflanzen als „Lebe-Wesen“ und versucht, sie in ihrer holistischen Dimension zu erfassen – in ihrer All-Verbundenheit. Auf diesem neuen Pfad, den er mit der Überschrift „Die Chemie des Lebendigen“ charakterisiert, erschließt er eine Tiefe der Naturerkenntnis, die bisher so nicht wahrgenommen wurde.

Wer die Pflanzenheilkunde aus diesem Blickwinkel ganzheitlich betrachtet, wird auch neue Zugänge entdecken, um die Heilkraft der Pflanzen umfassender zu nutzen. So entfaltet dieses Buch zwei Ebenen auf beeindruckende Art und Weise: Die Pflanze als Ur-Baustein des Lebens und die darin enthaltene einzigartige Heilkraft.

Ein Erkenntnis- und Therapie-Buch, das in der Pflanzenheilkunde eine bisher unbekannte Welt eröffnet!

ISBN: 978-3-86191-081-7 (Crotona Verlag)